AF325389

COMMENTAIRE SUR L'ÉDIT

PORTANT *Création de Conservateurs des Hypotheques sur les Immeubles réels & fictifs, & Abrogation des Décrets volontaires ;*

ET

OBSERVATIONS

SUR LA

DÉCLARATION DU ROI,

QUI accorde des encouragemens à ceux qui défrichent des Terres incultes.

PAR M. R****.

A AVIGNON, & se vend,
A CLERMONT-FERRAND,
Chez ANTOINE DELCROS, Imprimeur du
rue de la Treille.

M. DCC. LXXXII.

AVERTISSEMENT.

L'Edit des Hypotheques, du mois de Juin 1771, est une Loi générale, faite pour tout le Royaume. Le nouveau droit qu'il introduit, doit être uniforme dans tous les Tribunaux. Son objet interesse tous les Citoyens; il n'y a que très-peu de personnes qui n'aient ou des Hypotheques à conserver, ou des héritages à en faire purger.

Il ne suffit pas de mettre un acte translatif de propriété aux Hypotheques, & d'obtenir & faire sceller les Lettres; il faut de plus connoître la nature du titre, & savoir s'il est ou non dans le cas d'être purgé par le sceau des Lettres. Une donation universelle, par exemple, une institution d'héritier général, quoiqu'ils soient des titres translatifs de propriété, ne sont pas des actes qu'on puisse exposer avec effet, puisque la qualité de l'un & de l'autre les affujettit au paiement de toutes les dettes dues par leur bienfaiteur.

Un Légiflateur ne peut entrer dans tous les détails des difficultés qui peuvent s'élever au fujet de la Loi qu'il porte ; c'eft par ce motif qu'on a introduit les Commentaires. Je me fuis attaché dans celui-ci à donner d'abord une idée des actes qu'on peut utilement expofer aux Hypotheques, des queftions qui peuvent s'élever, quels font les moyens qu'on peut employer pour prévenir les inconvéniens où un Acquéreur s'expofe en prenant des Lettres de ratification ; & enfuite j'ai traité les queftions qui peuvent fe préfenter à ce fujet.

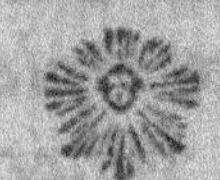

ÉDIT

DU ROI,

PORTANT création de Conservateurs des Hypotheques, sur les immeubles reels & fictifs, & abrogation des décrets volontaires.

Donné à Versailles au mois de Juin 1771.

LOUIS, PAR LA GRACE DE DIEU, ROI DE FRANCE ET DE NAVARRE ; à tous présents & à venir, SALUT. L'attention que Nous avons toujours eue de pourvoir à la conservation de la fortune de nos Sujets, Nous a porté à rechercher les moyens qui paroîtroient les plus convenables pour assurer le droit de propriété de cha-

A 3

cun d'eux, & pour prévenir les
troubles & les évictions qui résultent
souvent de l'omission des formalités
longues & ambarrassantes auxquelles les décrets volontaires font assujettis. Parmi tous les moyens qui
peuvent conduire à un but aussi
avantageux, Nous n'en avons point
trouvé de plus conforme aux regles
d'une exacte justice, & de plus propre à concilier les intérêts opposés
de chacun de nos Sujets, que de fixer, d'une maniere invariable, l'ordre & la stabilité des hypotheques,
& de tracer une route sûre & facile
pour les conserver ; de sorte que
d'un côté les acquéreurs puissent
traiter avec solidité & se libérer valablement ; & d'un autre côté les
vendeurs puissent recevoir le prix
de leurs biens sans attendre le délai
d'un décret volontaire, formalité
longue & simulée, introduite pour
suppléer au défaut d'une Loi que le
bien général sollicitoit de notre

fageſſe ; cette Loi ſi déſirable avoit commencé à avoir une partie de ſon exécution par l'Edit du mois de mars 1673 , portant établiſſement des Greffes & enregiſtrement des oppoſitions , pour conſerver la préférence aux hypotheques ; mais la forme qui avoit alors été donnée à cet établiſſement , ayant rencontré des difficultés dans ſon exécution , il a été révoqué par un autre Edit du mois d'avril 1674. Nous nous ſommes déterminé à faire revivre un projet auſſi utile , en lui donnant une forme nouvelle qui pût en rendre l'exécution plus facile , plus aſſurée , & d'un avantage plus général. Nous nous ſommes déterminé d'autant plus volontiers à prendre ce parti , qu'il facilitera la vente d'une quantité de petits objets & immeubles réels & fictifs qui ne peuvent être acquis avec ſolidité , parce que les frais du plus ſimple décret volontaire en abſorberoient le prix & au-delà ;

A 4

en forte que ces immeubles restent fouvent abandonnés & fans culture par l'impuissance où se trouvent les propriétaires de les cultiver, & les obstacles que craignent ceux qui pourroient les acquérir, effrayés par l'exemple des pertes qu'éprouvent ceux qui, ayant fait des pareilles acquisitions, font obligés de les déguerpir, ou d'en payer deux fois le prix par l'effet des demandes en déclaration d'hypotheques, formées par les créanciers des vendeurs ; ce qui donne lieu à des contestations également ruineufes pour des acquéreurs & débiteurs. Tant de motifs d'utilité pour nos Sujets, Nous ont déterminé, en abrogeant l'usage des décrets volontaires, à ouvrir aux propriétaires une voie facile de disposer de leurs biens, & d'en recevoir le prix, pour l'employer aux besoins de leurs affaires, & aux acquéreurs de rendre stables leurs propriétés, & de pouvoir se libérer du prix de leur acquifition, fans être obligés de garder long-temps des deniers oififs : Nous avons cru ne pouvoir prendre pour cet effet de meilleur modele, que l'établiffe-ment des Offices des Confervateurs des hypotheques, des rentes fur les Tailles, Aides & Gabelles, & au-tres rentes par Nous conftituées, dont le public retire une utilité que le temps & l'expérience ne font que rendre plus fenfible. A CES CAUSES ET AUTRES, à ce Nous mouvant, de l'avis de notre Confeil, & de notre certaine fcience, pleine puif-fance & autorité royale, Nous avons par le préfent Edit, perpétuel & irrévocable, dit, ftatué & ordon-né, difons, ftatuons & ordonnons, voulons & Nous plaît ce qui fuit.

ARTICLE PREMIER.

Nous avons créé & établi, créons & établiffons par notre préfent Edit une Chancellerie *dans chacun de*

nos Bailliages & Senéchauffées (1)
à l'effet feulement de fceller les let-
tres (2) de ratification, qui feront
obtenues fur les contrats de vente,
& autres actes tranflatifs de propriété, mentionnés en l'article VI
ci-après.

(1) *Dans chacun de nos Bailliages &*
Sénéchauffées ; c'eft-à-dire, dans ceux qui
reffortent nuement au Parlement, & où
l'on infinue les donations immobilaires.

On n'avoit d'abord établi de Chancelleries que dans les Bailliages & Sénéchauffées royales ; mais par une Déclaration du 24 novembre 1771, il a été
créé de pareilles Chancelleries, avec le
nombre des mêmes Officiers, dans les
Juftices royales qui reffortent auffi au
Parlement, fans aucune exception, de
forte qu'il y a des villes où l'on voit deux
bureaux d'hypothèques ; par exemple,
quand il y a un Bailliage ou Sénéchauffée & en outre un Juge royal non réuni
au Bailliage ou Sénéchauffée reffortiffant
au Parlement. Lorfqu'un acquéreur a acquis, par le même contrat, des immeubles dont partie font fitués dans le reffort
du Juge royal, & l'autre partie dans le

Bailliage ou Sénéchauffée, il faut, fi l'on veut faire purger les hypotheques en leur entier, expofer le contrat dans l'un & l'autre bureau, *voyez l'art. XII, ci-après.*

(2) *A l'effet feulement de fceller les lettres ;* les oppofitions qu'on forme au fceau, ont auffi l'effet d'attribuer au Bailliage ou Sénéchauffée où eft dépofé l'acte aux hypotheques, la connoiffance, en premiere inftance, des conteftations qui peuvent arriver fur la diftribution du prix de la vente, quoique les Parties ne foient pas de la jurifdiction du Bailliage ou Sénéchauffée ; par exemple, un Parifien vend une terre qu'il a dans le Bailliage d'Orléans ; d'autres Parifiens, fes créanciers, y forment oppofition ; l'ordre & diftribution du prix fe fera à Orléans, quoique les Parties ne foient pas jufticiables du reffort de ce Bailliage, fans qu'on puiffe les réclamer.

Que doit-on dire de ceux qui ont droit de *committimus ?* qu'ils ne peuvent en pareille rencontre s'en fervir ; car en fait de décret, l'on ne peut évoquer les ordres, *art. 17 de l'Ordonnance de 1667.* Il y avoit cependant l'évocation des oppofitions qui pouvoient y être formées ; mais la nouvelle Ordonnance, concernant les évocations & réglements des Juges, du mois d'août 1737, *tit 1 , art.* 25, défend d'évoquer les oppositions, de quelque nature qu'elles soient.

Dans plusieurs endroits, les Juges des Seigneurs connoissent, en premiere instance, de toutes les contestations qui naissent entre les justiciables de leur jurisdiction, jusques-là que, si on les porte au Sénéchal (en premiere instance) ils peuvent les réclamer ; en doit-il être de même de celles dont nous parlons ? Non, parce que par l'art. x de Lettres-Patentes du 7 juillet 1771 , il est dit que les contestations qui pourront naitre sur l'exécution des Edits des mois de février & juin de la même année, circonstances & dépendances, seront portées, en premiere instance, devant les Officiers du Bailliage & Sénéchaussée royale où les biens sont situés ; ainsi les Juges de Seigneurs ne seroient pas fondés à révendiquer une pareille cause.

Je pense néanmoins, si les Parties sont en instance devant un Juge du Seigneur ou Juge royal non ressortissant au Parlement, & qu'on y fasse valoir une vente qu'on ait fait purger aux hypotheques, quoique cette vente soit attaquée ainsi que les lettres, que les Juges ne sont pas obligés de délaisser la connoissance de la contestation au Juge royal, ni celui-ci en droit de l'évoquer à lui, & qu'il doit attendre (le Juge) que la connois-sance lui en soit attribuée par appel.

Le cas dont nous venons de parler, peut arriver lors du partage d'une suc-cession ; si l'héritier a fait des ventes & qu'on les ait faites purger aux hypothe-ques, quoique ces ventes soient atta-quées ainsi que les Lettres, le Juge saisi de la demande en partage, ne peut être tenu de la laisser au Juge royal.

Observez au surplus que les lettres de ratification s'expédient sur parchemin, dans lesquelles le Roi y ordonne que la vente exposée aux hypotheques sera exécutée selon sa forme & teneur, & que l'acquéreur sera propriétaire incom-mutable de l'immeuble à lui vendu ; qu'il en jouira franc & exempt de tous privileges & hypotheques. S'il y a des oppositions, on en fait mention en les scellant. *Voyez l'art. XXVII, ci-après.*

Les créanciers opposants peuvent obli-ger l'acquéreur à consigner le prix de sa vente pour se faire distribuer le même prix ; & cela nonobstant que l'acquéreur ait des délais pour payer, ou qu'il ait donné partie du prix au vendeur, ou qu'il ait été délégué à des créanciers non opposants ; il y a plus, c'est que, s'il veut conserver ses hypotheques, il faut qu'il forme opposition ; l'énonciation dans la vente ne suffit pas, lorsqu'il y a des créanciers opposants aux hypotheques. *Voyez les notes sur l'art. XIX.*

On en usoit de même pour les décrets volontaires avant le présent Edit, & tout ce qui avoit lieu dans ce cas, doit être observé lorsqu'il n'y a pas été dérogé. *Voyez d'Héricourt, page 150*, où il dit qu'en décret volontaire ou forcé, si l'acquéreur a payé le prix de son acquisition aux plus anciens créanciers, conformément à la déclaration portée par le contrat, avec subrogation à leurs hypotheques, s'il les fait décreter sur lui-même & qu'il néglige de former opposition au décret, il perd son hypotheque. On trouve un Arrêt, rendu le 24 mars 1676, qui l'a ainsi jugé sur le fondement que le décret volontaire étant établi ainsi que le décret forcé, pour que ceux qui ont formé opposition soient colloqués sur le prix du fonds, suivant l'ordre de leurs hypotheques ; & ceux qui ont négligé de prendre les moyens que la loi leur prescrit, pour les conserver, doivent les perdre : *Dénisart*, au mot *Ratification*, rapporte un arrêt du 5 janvier 1767, qui a jugé de même.

Un Procureur du Parlement m'a attesté que depuis 1771 il étoit intervenu trois arrêts conformes à ce que je viens de dire ; cependant dans le Répertoire de Jurisprudence, au mot *Hypotheque*, *page 81*, l'on y soutient, d'après de la Lauriere, sur l'art. 134 de la Coutume de Paris, que c'est une erreur de prétendre que l'acquéreur est obligé de s'opposer à son propre décret pour conserver ses hypotheques, & l'on y ajoute que si cela avoit lieu, il faudroit dire que l'acquéreur, en faisant un décret volontaire sur lui, agiroit contre lui-même, puisqu'il agiroit pour purger la chose des hypotheques qu'il a dessus, & dont il a besoin pour se défendre contre les créanciers postérieurs à lui, s'il s'en trouvoit qui fussent opposants à son décret.

Il arriveroit encore, continue-t-on, qu'en faisant son décret & s'y opposant, il demanderoit en même temps, & l'extinction & la conservation de ses propres hypotheques ; de-là l'on conclut que l'acquéreur n'a pas besoin d'y former opposition pour conserver sa créance.

Il ne paroît pas que ces raisons de la Lauriere aient jamais fait impression ;

d'un côté, nombre d'Auteurs qui ont depuis traité la matiere, ont embraſſé le ſentiment contraire; d'un autre côté, les arrêts cités ont proſcrit cette opinion, & aujourd'hui l'on ne peut même s'en occuper : car l'art. XIX, *ci après*, porte que le prix des ventes expoſées aux hypotheques ſera diſtribué entre les créanciers oppoſants; ainſi, pour pouvoir prétendre à ce prix, il faut néceſſairement être oppoſant. Qu'on ſoit acquéreur ou étranger, cela eſt indifférent, l'Edit ne fait point de diſtinction; d'où il faut conclure qu'il n'y a que les oppoſants qui aient droit au prix; & quand même l'acquéreur ſeroit créancier, il n'eſt pas moins obligé à la conſignation du prix, & il ne peut retirer ce qui lui eſt dû, qu'autant qu'il a formé oppoſition, & que ſes créanciers viennent au rang utile.

En formant, par l'acquéreur, l'oppoſition à la conſervation des hypotheques, il ne demande pas que ſon hypotheque ſoit conſervée, mais uniquement qu'il ait droit ſur le prix du fonds, & qu'il en ſoit payé ſuivant l'ordre de ſon hypotheque : car les oppoſitions n'empêchent pas l'extinction de l'hypotheque lorſqu'on conſigne le prix, puiſque au moyen

moyen des lettres & de la consignat’on du prix, les hypotheques ne subsistent plus, non seulement en faveur de ceux qui sont payés, mais encore à l’égard des créanciers dont la dette ne vient pas en rang utile ; ainsi l’opposition ne conserve point l’hypotheque, mais seulement le droit de se faire allouer à son rang sur le prix de la chose vendue, toutes les fois qu’un prix est consigné.

Le créancier qui a formé opposition, & dont la créance n’est pas venue en rang utile, n’est pas reçu après à former une demande en déclaration d’hypotheque, quoiqu’il offre de rembourser le prix qui a été consigné ; parce que, dès l’instant que le contrat est aux hypotheques, il n’a droit que d’enchérir, & s’il laisse sceller les Lettres de ratification, sans faire des encheres, la demande en déclaration d’hypotheque n’est plus admise. *Voyez encore ce que j’en dis sur l’article XIX du présent Edit.*

Article II.

Nous avons aussi créé & établi, créons & établissons dans chacun de de nos Bailliages & Sénéchaussées, des offices de *Conservateurs des hy-*

potheques (1) *Gardes des sceaux* (2)
& des Greffiers (3) expéditionnaires
desdites Lettres de ratification,
dont le nombre & la finance seront
fixés par un rôle arrêté en notre
Conseil.

(1) *Conservateurs des hypotheques*, c'est
entre ses mains qu'on forme les oppositions ; il répond des événements ; c'est-
à-dire, que s'il scelle des lettres sans opposition, & que cependant il y en ait de
subsistantes, il répond en son nom de la
perte des créances qui seroient venues
en rang utile. Delà il faut conclure que
l'opposition n'opere son effet, pour conserver l'hypotheque, qu'autant que les
lettres sont scellées, à la charge des oppositions ; si on les scelle sans opposition, l'hypotheque est également éteinte, & l'opposant n'a de recours que contre le conservateur. *Voyez l'art.* XXVII
de l'Edit de 1771, ci-après.

(2) *Gardes des Sceaux. Voy. l'art.* III.

(3) *Et des Greffiers*, il exerce, quant à
présent, par commission, ainsi que le
Conservateur des hypotheques.

ARTICLE III.

Les offices de Gardes des Sceaux, près nos Bailliages & Sénéchauffées, créés par notre préſent Edit, feront & *demeureront unis* (1) au corps des Officiers defdits Bailliages & Sénéchauffées, pour être exercés par celui defdits Officiers qui fera commis à cet effet; voulons que le produit & émolument defdits offices de tous les Gardes des Sceaux foient partagés entre les Officiers defdits Bailliages & Sénéchauffées.

(1) *Demeureront unis*, on choifit, par délibération de la compagnie, un des Officiers; chacun d'eux eft capable d'être élu, fans obferver le rang & la prééminence qu'il peut y avoir dans le Siege.

ARTICLE IV.

Pour donner aux Officiers defdits Bailliages & Sénéchauffées des marques de la fatisfaction que Nous avons du zele avec lequel ils rendent, à notre décharge, la juſtice qui eſt due à nos Sujets., & les encourager à s'acquitter de cette fonction intéreſſante, Nous leur avons fait don & remiſe de la finance dudit office de Gardes des Sceaux.

Voyez ce que j'ai obſervé ſur l'art. 1, où j'ai remarqué que le Roi a encore attribué aux Bailliages & Sénéchauſſées, où il y a des Bureaux d'hypotheques établis, le droit de connoître en premiere inſtance des conteſtations qui s'élevent ſur les oppoſitions.

Article V.

Les Officiers des Greffiers expéditionnaires des lettres de ratification, créés par notre préſent Edit, *pourront* (1) être poſſédés par les Greffiers deſdits Bailliages & Sénéchauſſées.

(1) *Pourront*, il réſulte de ce terme que les Greffiers de ces Siéges n'ont qu'une ſimple aptitude de poſſéder les offices de Greffiers, pour expédier les lettres; mais rien n'empêche qu'on ne puiſſe les donner à d'autres.

ARTICLE VI.

Tous les propriétaires *d'immeubles réels* (1) *ou fictifs* (2) *, par acquisition* (3) *, échanges* (4) *, licitation* (5) *ou autres titres translatifs de propriété* (6) *, qui voudront* (7) *purger les hypotheques* (8) *, dont lesdits immeubles seront grevés, seront tenus de prendre* (9) *à chaque mutation* (10) des lettres de ratification.

(1) *Immeubles réels* ; c'est-à-dire, les seigneur es, rentes foncieres, prés, bois, terres, vignes, étangs, marais, îles, moulins à eau, four, & autres.

On y comprend aussi tout ce qui est adhérent à la surface de la terre par sa nature comme les arbres, ou par la main d'hommes, comme les maisons & autres bâtimens.

Ces choses pouvant se séparer du fonds & devenir meubles, si l'on a acheté des arbres ou les matériaux d'une maison, l'on n'a pas besoin de faire purger une pareille vente aux hypotheques, il suffit d'abattre les arbres ou de démolir le bâtiment, & de faire transporter ailleurs ces arbres ou matériaux : parce que dès l'inftant qu'un arbre eft abattu & les matériaux démolis, c'eft un meuble.

Mais lorfque les créanciers en ont connoiffance, ils peuvent l'empêcher, en y formant oppofition, parce qu'on ne peut rien faire contre leurs droits ; il faut néanmoins que cette oppofition foit formée, tandis que les chofes font entieres ; car fi l'on a abattu des arbres, les créanciers n'y ont plus de droit, quand même ces arbres feroient encore fur le terrein où ils étoient nés ; *voyez le traité des Hypotheques de M. Pothier, page 181.*

(2) *Fictifs*, ce font les chofes qui, n'étant pas des vrais corps d'immeubles, font confidérés cependant comme tels ; par exemple, les meubles attachés à fer & à cloux ou fcellés en plâtre dans une maifon, étant mis à perpétuelle demeure, font réputés immeubles fictifs ; mais en les détachant, on peut les vendre, fans qu'on puiffe les fuivre par hypotheque.

Les offices & les rentes conftituées font confidérés comme immeubles fictifs.

Quant à l'hypotheque due fur les offices, *voyez Pothier au même Traité des Hypotheques, chap. 1. page 135.*

A l'égard des rentes conftituées en pays

de droit écrit & dans certaines coutumes, on les confidere comme meubles ;
les créanciers ne peuvent alors y prétendre aucune hypotheque, comme l'a
obfervé d'Héricourt, *Traité de la Vente
des immeubles.*

L'art. 94 de la coutume de Paris, les
répute immeubles jufqu'à ce qu'elles
foient rachetées : ainfi les créanciers
peuvent les fuivre par hypotheque,
comme un bien fonds : fi le créancier de
la rente la tranfporte à quelqu'un pour
faire purger l'hypotheque, le tranfport
doit être expofé aux affiches.

Obfervez que fi celui qui eft débiteur
de la rente, quoique fituée dans un pays
où elle eft réputée immeuble, s'il en fait
le rachat, il n'a pas befoin de mettre la
quittance aux hypotheques, parce que
la rente conftituée n'étant regardée
comme immeuble que par fiction, cela
ceffe dès l'inftant que le rachat en eft fait.

Dans certaines coutumes, on déclare
les moulins baneaux, affis fur des bâ-
teaux, comme immeubles : en cas de
vente l'on doit donc les faire paffer aux
hypotheques, comme celle d'un bien
fonds ; fi l'on ne le fait pas, l'acquéreur
eft dans le cas d'être attaqué par les
créanciers hypothécaires.

Pour ce qui est des barques & des navires, Cattelan, *liv. 5*, *chap.* 33 , les met au rang des meubles.

(3) *Acquisition*, c'est un acte par lequel l'un des contractants s'oblige envers l'autre à lui faire avoir une chose pour un certain prix convenu, qui consiste ordinairement en une somme d'argent que l'acquéreur paye ou qu'il se charge de payer ; l'on acquiert de différentes manieres, mais ici il ne peut être question que des acquisitions faites par contrat de vente ou acte équipollent , comme legs faits par testament ou autres actes ; parce que , pour pouvoir expofer aux hypotheques , il faut qu'il y ait un contrat de vente ou autre acte équipollent , qui en tienne lieu ; que ce soit le propriétaire de l'héritage qui l'ait lui-même vendu , ou du moins consenti à la vente qui en a été faite par un autre ; (car alors cela est indifférent , il suffit que l'héritage soit vendu , & que la propriété en soit transférée à l'acquéreur , pour que celui-ci soit fondé à faire purger son acte aux hypotheques , puisque celui qui consent à la vente de son héritage , faite par un autre , l'alienne de la même maniere que s'il l'avoit lui-même vendu.)   L'on

L'on dit communément qu'on peut vendre la chofe d'autrui , & que l'aliénation eſt valide. Si un particulier vendoit un fonds qui ne fût pas à lui , & qu'on prît des lettres de ratification , auroient-elles leur effet ? Non , parce que l'article ci-deſſus ne donne de valeur qu'au titre qui eſt tranſlatif de propriété ; or tout acte qui contient aliénation du fond d'autrui , ne transfére point de propriété ; ſi l'on dit qu'il eſt valide , ce n'eſt pas pour en induire qu'il peut transférer la propriété , mais qu'il donne lieu à des dommages intérêts , faute de livrer la chofe vendue ; il ſuit delà que ce ſeroit en vain qu'on le mettroit aux hypotheques ; les ventes que le mari fait des biens dotaux de ſa femme , celle que le tuteur conſent des biens de ſon mineur , & autres de cette eſpece , ne transferent point la propriété ; les lettres qu'on peut obtenir ne peuvent rien opérer vis-à-vis des créanciers , quand même la femme , devenue libre , ou le pupile devenu majeur , auroient ratifié la vente ; car il faudroit alors obtenir les lettres en conſéquence de la ratification , comme étant le ſeul titre tranſlatif de propriété.

Il n'en ſeroit pas ainſi , ſi le mineur

avoit lui-même vendu & ratifié la vente, étant majeur, parce que sa vente n'est réputée nulle qu'en sa faveur, *& non absolutè* ; elle ne l'est pas lorsque le mineur, devenu majeur, juge qu'elle lui est avantageuse, soit en la ratifiant expressément ou même tacitement par le seul laps de dix ans, après la majorité, sans s'être pourvu ; si l'acquéreur a obtenu des lettres, alors elles ont effet du jour de la vente, &c.

Que doit-on dire de la vente sous faculté de réméré, mise aux hypotheques, & sur laquelle l'on a obtenu des lettres sans opposition ? étant certain qu'une pareille vente transfere la propriété en faveur de l'acquéreur, jusqu'à ce qu'il plaise au vendeur d'exercer la faculté de rachat, il ne peut être douteux que les lettres qu'on obtient en conséquence, n'aient le même effet que si la vente éroit pure & simple.

On demande si le créancier qui auroit négligé de former opposition, pourroit exercer les droits de son débiteur, & expulser l'acquéreur qui auroit fait purger son contrat ? Je pense qu'il le pourroit : à la vérité, l'acquéreur peut dire que les lettres de ratification ayant purgé l'hypotheque du créancier sur son héritage , celui-ci ne peut plus avoir droit de l'inquieter pour ce même fonds. A cela l'on peut répondre que ce n'eſt pas en formant une demande en déclaration d'hypotheque qu'on attaque l'acquéreur , mais en exerçant les droits du vendeur , & demandant à être ſubrogé comme créancier à la faculté du rachat; alors il faut rendre à l'acquéreur tout ce qu'il a débourſé ; tandis que , s'il n'avoit pas les lettres de ratification , on pourroit l'obliger à abandonner le fonds, ou à purger l'hypotheque ; au lieu qu'on eſt néceſſité de lui rembourſer le prix de la vente, quoique l'acquéreur ſoit le dernier créancier, & qu'il n'ait pas formé oppoſition ; car , pour conſerver le prix de ſa vente , il n'a beſoin de former oppoſition , qu'autant qu'il y a d'autres créanciers oppoſants.

Un héritage ainſi retiré, rentrant dans le patrimoine de celui qui l'avoit vendu , toutes les hypotheques qui avoient été éteintes par les lettres de ratification , reprennnent de nouveau leur empreinte, comme ſi le vendeur ne l'avoit jamais aliéné ; parce que c'eſt à ſon nom que le retrait ſe fait & pour ſes créanciers ; mais celui qui a rembouſé l'acquéreur , doit avoir un privilege ſur ce même héritage pour la somme qu'il a payée, puisque, sans ce remboursement, aucun créancier n'auroit recouvré son hypotheque sur cet héritage. S'il est de plus grande valeur, après avoir prélevé, comme créance privilégiée, le montant de ce qu'il en a coûté pour le faire rentrer dans la masse des fonds, l'excédent doit se distribuer par ordre d'hypotheque, puisque nous avons dit que les mêmes hypotheques revivent. Ce cas est différent de celui dont je parlerai à la fin de la *note 4*, *sur le mot Echange*.

Le vendeur pourroit-il l'aliéner à un autre, sans le consentement du créancier qui l'auroit retiré ? Non, parce que, de même que le vendeur ne pourroit le revendre, sans avoir remboursé à l'acquéreur le prix principal, frais & loyaux-coûts ; de même il ne pourroit le retirer des mains de celui qui l'auroit pris comme créancier, sans lui avoir rendu ce qu'il auroit payé à l'acquéreur ; il pourroit seulement subroger à la faculté de rachat, à la charge du remboursement du prix & de la créance due à celui qui auroit retiré l'héritage & de ses hypotheques.

Les lettres de ratification peuvent-el-

les avoir effet pour une vente condition-
nelle ?

Non, par la raison qu'une pareille vente ne transfere la propriété que du jour
que la condition s'accomplit ; ce seroit
donc inutilement qu'un acquéreur mettroit avant aux hypotheques une pareille vente, il faut qu'il attende l'événement de la condition.

Celui qui a acquis sans avoir payé le
prix, quoiqu'il fasse purger son contrat
aux hypotheques, n'acquiert cependant
que conditionnellement, (nonobstant
qu'il n'y ait pas d'opposition,) la libéra-
tion des hypotheques subsistantes; car s'il
ne paye pas le prix, & que, faute de
paiement, le vendeur fasse résilier la
vente, les hypotheques qui avoient
été purgées par les lettres, revivent.

S'il revend le même héritage avant
d'en avoir payé le prix, & que le second acquéreur mette son contrat aux
hypotheques, & obtienne des lettres,
sans qu'il y ait opposition de la part du
premier vendeur, celui ci peut-il demander la résiliation de la vente, faute de
paiement, ou est-il exclu de toutes re-
cherhes contre le nouvel acquéreur ? Il
ne peut être douteux que le premier ven-

deur n'a nul droit d'inquiéter le second acquéreur ; car si-tôt qu'un héritage est vendu, la propriété en est transférée à l'acheteur; & suivant nos usages, le vendeur n'a pas droit de faire distraire un pareil fonds de la saisie réelle, lorsqu'il y est compris, mais seulement de demander que la vente en soit faite séparément, & qu'il soit payé par préférence, sur le prix qui en proviendra aux autres créanciers, tant pour le capital que pour les intérêts ; *voyez Maynard, liv. 2, chap. 45; d'Olive, liv. 4, chap. 10 ; Graverol & la Roche, liv. 2, tit. 1, art. 30 ;* d'où il faut conclure que, lorsqu'un particulier a revendu un héritage qu'il avoit acquis, sans en avoir payé le prix, le vendeur n'a d'autre ressource que de former opposition, & de faire des encheres, dans le cas où l'héritage n'auroit pas été assez vendu.

Si cet héritage avoit été aliéné conjointement avec d'autres, je pense que le vendeur seroit autorisé à faire des encheres séparées pour cet héritage, afin d'être payé par préférence sur son fonds.

M. Pothier, *en son Traité des Contrats de Vente, page 478,* dit que la Jurisprudence autorise le vendeur, à défaut de paiement, à faire déclarer nulle la vente qu'il a faite ; & Thibaud, *sur les Décrets*, atteste que le Parlement de Bourgogne autorise le vendeur à demander la distraction de son fonds, dans le cas qu'il auroit été compris dans une saisie réelle. D'après cela il semble qu'on pourroit dire que le premier vendeur ne s'est départi que conditionnellement de son fonds, & qu'il ne doit pas perdre son droit, faute de former opposition à la seconde vente.

Néanmoins je ne pense pas qu'un pareil moyen pût réussir, parce que, d'un côté, l'Edit purge & les privileges & les hypotheques ; d'un autre côté, en cas de saisie réelle, le premier vendeur, s'il veut conserver ses droits, est obligé de former opposition, & l'on ne lui accorde que la préférence sur le prix ; or, si, en fait de saisie réelle, il perd son droit faute de former opposition, il en doit être de même du cas dont je parle.

(4) *Echange*, lorsqu'il est fait sans fraude, & qu'il n'y a point de retour, les créanciers n'ont guere d'intérêt de s'opposer aux lettres, puisque, si leur

hypotheque est éteinte sur les héritages donnés en échange, elle est transportée sur ceux pris en contréchange.

Il est vrai que ceux-ci peuvent être sujets à d'autres hypotheques ou plus anciennes ou privilégiées, & que le créancier peut prendre de-là son intérêt.

L'effet de l'opposition, en cas d'échange, ne peut être d'autre ressource que de conserver l'hypotheque ; car l'opposant ne peut pas demander qu'on soit tenu de rapporter le prix, puisqu'il n'y en a pas : il ne peut donc que former la demande en déclaration d'hypotheque de la maniere qu'on le pratiquoit avant l'Edit, & par cette demande conclure à ce que tel héritage soit déclaré affecté & hypothequé au paiement de telle somme ; qu'il soit permis de s'en mettre en possession, ou de le faire saisir & vendre en la maniere ordinaire ; sur cette demande, obtenir sentence qui adjuge les conclusions.

Lorsqu'il n'est question que d'une simple demande pour interrompre la prescription de l'hypotheque, le demandeur ne peut être tenu à aucune discussion ; mais il en est autrement lorsque la demande tend au paiement de la créance ou de la dépossession ; alors le tiers détenteur peut demander que celui qui l'a attaqué , soit tenu à discuter les autres biens de celui qui a vendu ou de ses cautions. Cette exception arrête la demande jusqu'à ce que le poursuivant, en action hypothécaire , ait discuté les biens de son débiteur , pour se procurer le paiement de sa créance.

Cette exception est dilatoire & non péremptoire ; car elle ne fait que différer l'action hypothécaire , & ne la détruit pas ; après la discussion faite , le demandeur peut suivre sa demande en déclaration d'hypotheque , s'il n'a pas été payé par la discussion.

Dans tous les pays régis par le droit écrit, l'on peut opposer l'exception de discussion , pourvu que cela soit avant contestation en cause ; mais après la contestation , ni en cause d'appel , l'on ne peut l'opposer ; *voyez Loiseau , liv. 3, chap. 8 , n°. 626 ; Bretonnier sur Henris , tom. 3 , liv. 4.*

Le Juge ne peut l'ordonner d'office ; il faut qu'elle soit demandée : *Bretonnier, au lieu cité.*

Celui qui oppose la discussion , doit indiquer les héritages qu'il veut qu'on discute ; il n'est pas recevable à faire

différentes indications , sur-tout lorsque
la saisie réelle a été commencée ; *Arrêt
du 20 janvier 1701. Voyez aussi l s Arrêtés de M. de la Moignon , au tit. des discussions , art. 9 ,* où il est dit que le tiers
détenteur doit comprendre dans un même acte tous les biens du débiteur , ses
cautions ou héritiers , qu'on entend faire discuter ; après la discussion desquels
il ne sera pas recevable à faire une seconde indication.

Le créancier n'est pas obligé de discuter les biens que le débiteur a aliénés,
ni ceux qui sont hors du Royaume ; il
peut obliger celui qui le renvoie à la
discussion , de lui avancer une certaine
somme pour fournir aux frais. *Voyez sur
cela Brodeau , Ricard , Auzanet & Ferrieres , sur l'art. 101 de la Coutume de Paris ; Louet , en son Commentaire , let. D,
chap. 49 ; le Prêtre , cent. 1 , chap. 76;
le Journal du Palais , part. 2 , pag. 361 ;
Henris , tom. 2 , liv. 4 , quest. 23 & 34;
Pothier , Traité des Hypotheques , pag. 153,
& suivantes.*

Celui qui obtient des lettres de ratification sur un échange , scellées à la charge des oppositions , quoique le fonds
soit en pays de Droit écrit , que les opposants restent tranquilles pendant dix

ans enfuite , il ne peut fe prévaloir de la prefcription de dix ans ; car en ce cas elle eft interrompue par l'oppofition , & celui qui a obtenu les lettres de ra-tification , ne peut alors prefcrire les hypotheques des oppofants que par trente ans , & encore les interruptions de droit , comme minorité & autres , ont lieu.

Il y a des échanges mêlés de vente , tels font ceux par lefquels une partie a rendu à l'autre une certaine fomme ; fi un pareil échange eft mis aux hypothe-ques , les créanciers oppofants peuvent obliger celui qui a donné la foute à la rapporter pour être diftribuée entr'eux ; mais alors , comme c'eft un acquiefce-ment à ce qui a été fait , ils ne peuvent conferver aucune hypotheque fur le fonds qui a été pris en échange ; à l'exemple de ce qu'on pratique vis-à-vis de celui qui eft entré dans une ven-te pour toucher partie du prix ou pour l'agréer , il ne peut plus former de de-mande en déclaration d'hypotheque fur la chofe vendue ; parce qu'il y a un département tacite de fa part ; à plus forte raifon au cas dont nous parlons , puifque , fi le créancier perd fon hy-potheque d'un côté , il la recouvre de l'autre.

Que doit-on décider, si celui qui a exposé son contrat après avoir obtenu des lettres de ratification à la charge des oppositions, refuse de consigner, & demande la nullité de l'échange ? Je pense qu'il ne doit pas être écouté : en mettant son contrat aux hypotheques, il a dû prévoir que le retour seroit acquis aux créanciers opposants, s'ils s'en contentoient, ainsi il doit payer.

Lorsque l'échange a été fait d'un fonds avec d'autres fonds, pour partie, & pour le surplus avec des contrats de rente ou effets, peut-on obliger celui qui a reçu ces effets à les payer en argent ? Non, il en doit être quitte en les remettant ou les consignant ; mais les opposants ne veulent pas de ses effets, ils conservent leurs hypotheques dans leur entier par leurs oppositions.

J'ai dit que, lorsque l'échange a été fait sans retour, l'opposition des créanciers ne pouvoit avoir d'autre effet que de conserver l'hypotheque pendant trente ans ; que doit-on décider s'il n'y a qu'un créancier opposant, & que sur sa demande on abandonne le fonds à ce créancier ; cela fera-t-il revivre les hypotheques des autres créanciers qui avoient été éteintes par les lettres de

ratification ? Non , il est vrai qu'Argou,
liv. 4 , chap. 16 du tom. 2 , dit que le
délaissement par hypotheque a un effet
très-singulier , & qu'il fait revivre celle
des créanciers négligents qui avoient
laissé prescrire leurs hypotheques , &
qu'ils sont dans le cas d'être préférés à
celui qui a fait ordonner le déguerpisse-
ment ; mais ce cas est différent de celui dont je parle , (puisque , aux termes de l'Edit de 1771 , pour conserver
les hypotheques , il faut nécessairement
former opposition.) Il suit de là que ,
lorsqu'on a laissé obtenir des lettres de
ratification , sans se pourvoir par opposition , l'hypotheque est purgée , & qu'il
en est pour le fonds comme pour le
prix ; c'est - à - dire , qu'il n'y a que
les créanciers opposants qui y aient
droit.

Si celui qui est ainsi dépossédé , demande à rentrer dans les héritages qu'il
avoit donnés en contre-échange , &
qu'il fasse déclarer l'échange nul par le
défaut d'exécution des clauses y con-
tenues , cela feroit-il revivre les hypotheques éteintes , faute d'avoir formé
opposition ? Il ne peut être douteux que
l'héritage revenant le patrimoine du débiteur , il ne soit de nouveau sujet aux

hypotheques qui avoient été éteintes ;
mais je pense que ces hypotheques ne
doivent passer qu'après celles des créanciers opposants , quoique derniers en
date ; leur négligence à former opposition doit les faire décheoir de leur an-
tériorité , puisqu'on les avoit laissées
éteindre.

(5) *Licitation* est l'acte par lequel
un immeuble commun à plusieurs personnes, qui ne peut se partager com-
modément, est adjugé à l'un d'entr'eux ,
ou même à un étranger.

Celui des copartageants qui garde
l'immeuble moyennant telle somme, n'a
pas besoin de poser l'acte aux hypotheques , pour faire purger ce que doit son
cohéritier personnellement ; parce que
les biens qui passent ainsi d'un copro-
priétaire à l'autre , viennent exempts
d'hypotheques ; c'est-à-dire , de celles
que le licitant pouvoit avoir contractées
de son chef ; parce qu'on regarde un
pareil acte comme partage , & celui qui
prend sa portion en argent , est présumé n'avoir jamais eu de propriété ; de-
sorte que ses dettes ne font point em-
preintes sur les biens qu'il abandonne
par licitation ; on a porté même la fa-

veur jusques au point que si un des cohéritiers a joui de la portion des autres avant la licitation ou partage, que
pour payer les jouiffances dont il eft débiteur, il vende certains fonds de fa
portion au cohéritier à qui les jouiffances font dues, quand même cela feroit
fait en forme de vente, les créanciers
de celui qui a délaiffé un pareil fonds,
n'ont aucun droit d'agir en déclaration
d'hypotheque, nonobftant qu'il n'y ait
point des lettres de ratification. *Arrêt du
mois de mars 1780, qui l'a ainfi jugé, au
rapport de M. Serre des Romans.*

A l'égard des dettes dues fur les héritages licités, & du chef de celui à qui
les héritages ont appartenu, s'il eft dit
que chacun en payera fa portion en mettant l'acte aux hypotheques, cela peut-
il mettre celui qui a acquis à l'abri des
portions des dettes de fes copartageants?
Je ne le penfe pas, puifque les créanciers hypothécaires peuvent pourfuivre
un des héritiers perfonnellement pour
fa portion, & hypothécairement pour
le tout : or, la portion qui revient au
cohéritier de fon chef, ne peut être
purgée par les lettres, puifqu'il ne la
tient pas par acquifition, mais comme
poffeffeur de cette portion; on peut donc

lui faire payer la totalité des dettes hypothécaires ; les lettres de ratification ne peuvent donc rien opérer en pareille rencontre.

Que doit-on dire , si celui qui a pris le bien-fonds , l'abandonne ? Pourra-t-on le contraindre à payer la totalité de la dette ? Pothier , *Traité des Hypotheques , page 192* , pense qu'en pareil cas celui qui auroit abandonné le fonds , en seroit quitte en payant sa portion de dettes , & que l'action hypothécaire cesse.

Observez au surplus que si les héritages licités ont été adjugés à un étranger , il peut prendre des lettres de ratification , & faire purger par-là les hypotheques , de quelque côté qu'elles proviennent , parce qu'alors cet étranger ne devant rien personnellement & ayant tout acquis , il est regardé comme acquéreur pur & simple.

(6) *Ou autres actes tranflatifs de propriété* ; quelque générale que soit cette disposition , il faut cependant en excepter les actes qui transférent la propriété à titre de donataire ou héritier universel ; parce que soit le donataire ou l'héritier universel , ils sont tenus personnellement

fonnellement des dettes de celui qui a
difposé en leur faveur de l'univerfalité
de fes biens : celui qui eft inftitué héritier univerfel par contrat de mariage
ou par teftament , [de même que le donataire de tous les biens préfents & à
venir ,] mettroit envain ces actes , quoique tranflatifs de propriété , aux hypotheques , car cela n'opéreroit rien :
perfonne ne révoque en doute qu'un
héritier , foit contractuel ou teftamen-
taire , ne foit tenu perfonnellement au
paiement de toutes les dettes du défunt,
il en eft de même du donataire des
biens préfents & à venir , parce qu'il
prend les biens comme l'héritier univerfel : il doit par conféquent payer les
dettes , & peut même être attaqué perfonnellement , ainfi que l'obferve *Fur-*
gole fur l'art. 17 de l'Ordonnance de 1731:
or la purgation de l'hypotheque n'opere
rien , quand l'obligation perfonnelle
fubfifte.

Que doit-on dire de deux héritiers par
égales portions , à la charge de payer
les dettes du défunt ? ces héritiers peuvent-ils mettre le teftament aux hypotheques & obtenir des lettres pour fe mettre à l'abri de l'action hypothécaire ? Je
penfe qu'ils le peuvent , parce qu'étant

devenus propriétaires de la moitié du bien, & ne devant personnellement que la moitié des dettes, ils peuvent s'exempter du paiement de l'autre moitié en prenant des lettres de ratification sur leur titre de propriété, qui est le testament.

Il est vrai que j'ai dit, en parlant de la licitation, que celui qui conserve le fonds, ne peut pas se mettre à l'abri des dettes, en prenant des lettres de ratification; mais ce cas est different de celui-ci : le licitant jouit sa portion sans aucun titre, au lieu que celui qui est institué pour moitié a un titre en sa faveur, qu'il peut l'exposer aux hypotheques.

Si l'un & l'autre des héritiers mettent le testament aux hypotheques, & qu'il n'y ait pas d'oppositions, alors les dettes doivent être payées de la maniere que les chirographaires sont acquittées; à la différence cependant que l'hypotheque doit subsister pour moitié sur chaque héritier.

Celui qui prend le transport d'un cohéritier, étant tenu de droit de payer les dettes qui concernent la succession, quoique ce soit un acte translatif de propriété, les lettres qu'il pourroit obtenir, ne sauroient rien opérer, parce qu'il est perſonnellement obligé au paiement des dettes de la ſucceſſion , & conſidéré comme un héritier.

Dans le pays où la communauté a lieu , la veuve ne peut avoir recours aux lettres de ratification pour purger les hypotheques des immeubles qu'elle poſſéde comme commune , parce qu'en cette qualité elle eſt obligée perſonnellement juſqu'à concurrence de ce qu'elle profite de la communauté ; mais rien n'empêche qu'elle n'en prenne pour purger les hypotheques de ceux qui ont été abandonnés en paiement de ſes repriſes.

Je viens de dire qu'il ne ſert de rien au donataire univerſel d'expoſer ſa donation aux hypotheques ; mais il en eſt autrement du donataire particulier ; n'étant tenu au paiement des dettes qu'autant qu'il s'y eſt ſoumis ; il ne peut être attaqué perſonnellement ; d'où il ſuit qu'il peut validement expoſer ſa donation aux hypotheques pour obtenir des lettres de ratification.

Obſervez que lorſqu'il a été obtenu des lettres de ratification ſur un pareil acte , s'il y a des oppoſitions , on ne peut obliger le donataire à conſigner aucun prix , parce qu'il y en a point : on doit donc uſer, comme on le pratiquoit avant 1771, c'est-à-dire, le contraindre à payer les dettes ou à abandonner l'héritage. *Voyez la note 4 sur le mot Echange.*

Lorsque c'est une vente qu'on a exposée aux hypotheques, j'ai dit que, faute de consigner le prix quand il y a des oppositions, l'acquéreur doit les intérêts de l'argent ; lorsque c'est un donataire, il doit être tenu de rendre compte des jouissances, du jour qu'il a connu les oppositions, puisqu'elles conservent le droit des créanciers, comme le fait la demande hypothécaire.

Si pour conserver la propriété du fonds qui a été donné, le donataire paye les créances des opposants, il est en droit de répéter contre le donateur les sommes qu'il a acquittées, quoiqu'en fait de donation il n'y ait pas de garantie, si elle n'a pas été promise, parce qu'il suffit de payer pour autrui, pour qu'on soit fondé à le répéter.

On peut aussi obtenir des lettres sur un contrat contenant délaissement de fonds en rente viagere, parce que c'est un acte translatif de propriété ; mais comme il ne peut être question d'enchere, il faut alors en user comme dans le cas d'une donation particuliere ou d'un échange.

Le bail à rente fonciere rachetable étant également tranflatif de propriété, peut être expofé aux hypotheques. *Voyez ce que j'ai dit fur l'art. X X X I V.*

Le légataire d'un fonds peut auffi mettre le teftament aux hypotheques ; en cas d'oppofition, il peut même avoir un recours contre l'héritier, afin qu'il ait à faire ceffer les demandes.

Le légitimaire peut auffi mettre aux hypotheques l'acte contenant délaiffement de fonds pour fa légitime, parce qu'il n'eft pas tenu perfonnellement aux dettes. *Voyez le Répertoire de Jurifprudence au mot Légitime*, où la quftion y eft traitée au long.

Il en eft de même du mari qui a reçu certains fonds en paiement de la dot de fa femme ; la propriété lui en étant tranfférée, il peut mettre l'acte de délaiffement aux hypotheques.

Celui qui a acquis par adjudication faite à la barre de la Cour, peut y mettre la Sentence ; car les hypotheques ne font pas purgées par une pareille vente ; mais au moyen des lettres, les créanciers non oppofants aux hypotheques n'ont plus de droit fur le fonds ainfi vendu.

En Auvergne, au lieu de faire des

adjudications à la barre de la Cour, l'on fait des ventes sur placard, lorsque les objets sont de valeur de moins de 2000 l. Une pareille poursuite, ni la vente qui s'ensuit ne purgent point les hypotheques, ni ne transferent la propriété qu'après trente ans (car avant l'on reçoit le propriétaire à rentrer dans son fonds, en remboursant ce qui est dû, sans aucune restitution de fruits, ainsi qu'il a été jugé par deux arrêts; le premier du mois d'août 1778; le second, du 20 août 1779) l'on doit, à ce que je pense, en user pour ces ventes comme pour celles qui sont faites sous faculté de rachat : ainsi si l'on met une pareille adjudication aux hypotheques, quoique les lettres soient scellées sans oppositions, il me paroît qu'elles ne peuvent empêcher le créancier de déposséder l'adjudicataire, non en formant une demande en déclaration d'hypotheque, mais en exerçant les droits du propriétaire, & remboursant le prix de l'adjudication.

La vente d'un usufruit peut aussi être mise aux hypotheques, parce le droit d'usufruit est susceptible d'hypotheque, puisqu'il peut se vendre ; si l'on dit qu'il ne peut pas passer d'une personne à une autre, *personam usufructuarii non egreditur,* c'est *subtilitate juris* ; l'étranger qui en est acheteur ne jouit pas de ce droit, *proprio jure*, comme d'un droit subsistant en sa personne ; mais du chef & pendant la vie seulement de celui sur la tête de qui il a été constitué.

On considére, dit Pothier, *Traité des Hypotheques*, *page* 135, dans le droit d'usufruit, le droit même attaché à la personne de l'usufruitier, & l'émolument de ce droit, qui consiste en la perception des fruits de la chose sujette à ce droit ; cet émolument est séparable de la personne de l'usufruitier en qui réside le droit, il peut se vendre, il est par conséquent susceptible d'hypotheque, *eam rem quam quis emere non potest, jure pignoris accipere non potest.* Liv. 1 , § 2 , *quæ res pig. vel hyp. dat.*

(7) *Qui voudront.* Les acquéreurs sont libres de ne mettre ou ne pas mettre leurs actes translatifs de propriété aux hypotheques.

Lorsqu'un acte n'a pas été mis aux hypotheques, l'on doit en user comme on le pratiquoit avant l'Edit de 1771 ; c'està-dire, agir en déclaration d'hypotheque. *Voyez la note* 4.

On demande si l'on peut validement

convenir dans un contrat de vente ou
acte équipolent à vente, qu'il ne sera pas
mis aux hypotheques, à peine de nullité
de la vente ? Je pense qu'une pareille
convention doit avoir lieu.

A la vérité, l'on ne peut mettre dans
les actes des conditions contraires à ce
que les loix autorisent : or, l'Edit de 1771
permet, sans exception, de prendre à
chaque mutation des lettres de ratification ; la stipulation que cela ne se pourra
pas, paroît une condition contraire à la
loi ; néanmoins, comme on a la liberté
de vendre son bien sous telle condition
qu'on juge à propos, & que d'ailleurs un
vendeur pouvant avoir intérêts à ne pas
éveiller ses créanciers, cela doit suffire
pour faire autoriser la convention que
l'acte ne sera pas mis aux hypotheques,
& qu'on restera dans le droit commun.
Tout ce que l'acquéreur pourroit exiger,
s'il étoit inquiété, ce seroit que le vendeur fût tenu de faire cesser les poursuites des créanciers, ou à reprendre son
fonds.

Peut-on mettre aux hypotheques les
titres translatifs de propriété antérieurs à
1771 ? Pour raison de douter, l'on dit
que les loix n'ont effet que pour l'avenir
& du jour qu'elles ont été enregistrées,

&

& non pour ce qui a été fait avant. Pour raiſon de décider, l'on répond que les décrets volontaires ayant été abolis, il eſt juſte que ceux qui ne peuvent ſe ſervir de l'ancienne loi, réclament ce qui a été ordonné par la nouvelle.

Lorſqu'on a mis un contrat aux hypotheques, peut-on le laiſſer ſans prendre des lettres de ratification ?

Cela ſe pratique journellement : il n'y a que les lettres qui purgent les hypotheques, & l'acquéreur ayant la liberté d'abandonner ce qui a été introduit en ſa faveur, les créanciers ne peuvent ſe plaindre, parce qu'ils ont deux moyens lorſque l'acquéreur n'obtient pas les lettres ; l'un d'enchérir & de ſe faire adjuger l'héritage ; l'autre de former une demande hypothécaire & de faire vendre l'héritage vendu, ainſi qu'on le pratiquoit avant 1771.

Lorſque l'acquéreur a obtenu des lettres de ratification à la charge des oppoſitions ſubſiſtantes qui ſont formées, il n'eſt plus au pouvoir ni du vendeur ni de l'acquéreur, de faire réſilier la vente, ſoit par ſentence ou autres actes ; car les réſiliements de pareils actes ne ſont valabes que lorſqu'ils ſont faits ou ordonnés avec les oppoſants, aux droits defquels le vendeur ni l'acquéreur ne peuvent préjudicier ; c'eſt ainſi qu'on le jugeoit avant 1771 pour les rentes dûes par le Roi. Les mêmes regles doivent être ſuivies aujourd'hui, l'abandon ou déguerpiſſement que l'acquéreur pourroit faire, ne le mettroit pas à l'abri de la conſignation du prix.

(8) *Purger les hypotheques. Voyez ce que nous avons dit ſur l'article VII.*

(9) *Seront tenus de prendre.* Doit-on conclure delà que la preſcription des hypotheques par dix ans, entre préſents, & vingt ans entre abſents, introduite par le droit romain & par certaines coutumes, n'aura plus lieu ? Non, au lieu que l'Edit ait cherché à abolir la preſcription, il a au contraire introduit une nouvelle forme pour faire purger plus promptement les hypotheques, ſans être obligé d'attendre les dix ans accordés par le droit romain & par pluſieurs coutumes.

Les oppoſitions que les créanciers peuvent former aux hypotheques, étant réitérées tous les trois ans, peuvent-elles interrompre la preſcription de dix ou de vingt-ans ?

Je crois qu'il faut distinguer, si l'acquéreur avoit déposé son contrat aux hypotheques, & qu'il n'eût pas pris des lettres à cause qu'il auroit vu qu'il y avoit
des oppositions subsistantes ; il me paroît
qu'alors on devroit donner l'effet aux
oppositions, d'empêcher la prescription
de dix ans ; mais à l'égard de celui qui
s'en tient à l'ancien droit & n'expose
point son contrat, il doit jouir de la
prescription qui a été introduite par les
loix ou coutumes. Il me paroît donc
qu'en pareille rencontre il ne suffiroit
pas de réitérer les oppositions au greffe
des hypotheques, & qu'il faudroit, avant
les dix ans, former la demande pour
faite proroger l'action jusqu'à trente ans.

Les acquéreurs qui ont déposé leurs
contrats aux hypotheques & obtenu des
lettres de ratification à la charge des oppositions, quoiqu'en pays de droit-écrit,
ne seroient pas fondés à dire aux créanciers opposants, après les dix ans, qu'ils
ont prescrit l'effet de leurs oppositions
& toute hypotheque ; parce qu'en prenant les lettres ils contractent l'obligation envers les opposants de consigner
le prix pour être distribué ; obligation
qui subsiste pendant trente ans à compter
du sceau des lettres & non de la vente,

& sauf encore les interruptions de droit.

Que doit-on dire si l'acquéreur qui a obtenu des lettres à la charge des oppositions, revend l'héritage à un autre qui prend aussi des lettres, sans qu'il y ait opposition de la part de ceux qui avoient conservé leurs hypotheques par la premiere opposition ? Il ne peut être douteux que les hypotheques seroient éteintes & qu'on ne pourroit inquiéter le second acquéreur, puisqu'on est autorisé à prendre des letrres à chaque mutation : les créanciers ne pourroient donc qu'obliger le premier acquéreur à consigner le prix de sa vente, sans pouvoir exiger que le fonds fût vendu à la folle enchere, faute de consigner.

Si ce premier acquéreur étoit devenu insolvable, sur qui tomberoit la perte de la valeur de l'héritage ? seroit-ce sur celui qui l'auroit vendu, ou sur les opposants, pour avoir négligé de le faire consigner ? Je pense que ce seroit sur celui qui auroit vendu l'héritage, parce que c'est à lui à veiller que ses dettes soient acquittées, & obliger l'acquéreur à consigner ou à se libérer entre les mains des créanciers opposants.

(10) *A chaque mutation.* On n'a besoin

de prendre des lettres, qu'autant qu'on
eſt inſtruit qu'il y a des hypotheques
ſubſiſtantes ; lorſqu'on eſt aſſuré qu'il n'y
en a point, il eſt inutile d'en prendre,
puiſqu'elles ne peuvent rien opérer.

. Que doit-on décider ſi *Pierre* a acquis
de *Jean* tel héritage, que *Jean* l'ait enſuite revendu à *Jacques*, que ce dernier
ait obtenu des lettres de ratification ;
cela purgera-t-il les hypotheques que
les créanciers de *Pierre* & de *Jean* peuvent y avoir ? Aux termes de l'Edit de
1771, il ne peut être douteux que les
unes & les autres de ces hypotheques ne
ſoient purgées ; cependant ſi les créanciers de *Pierre* avoient formé oppoſition,
qu'elle fût ſubſiſtante au temps qu'on
auroit pris les lettres ſur la vente que
Jean en auroit faite, quoique ſcellées
ſans oppoſitions, les hypotheques des
créanciers de *Pierre* ſeroient conſervées,
& je ne penſe pas même qu'on pût avoir
en pareille rencontre aucuns recours
contre le Conſervateur, à moins que le
ſecond contrat ne rappellât le premier.
V. ce que j'en ai dit ſur l'art. XXVII.

ARTICLE VII.

Les lettres de ratification purge-

ront *les hypotheques* (1) & *privileges* (2) ; à l'égard *de tous les créanciers* (3) des vendeurs qui auroient
négligé de faire leur oppofition
dans la forme qui fera prefcrite (4)
ci-après, avant le fceau d'icelle, &
les acquéreurs d'immeubles, qui auront pris de femblables lettres de ratification, en demeureront *propriétaires incommutables* (5) fans être
tenus des dettes des précédents propriétaires, en quelque forte & fous
quelque prétexte que ce foit, & ainfi
& de la même maniere que les *acquéreurs des offices & des rentes par
Nous conftituées* (6) fe font libérés
de toutes dettes par l'effet de provifion & des lettres de ratification qui
s'expédient en notre grande Chancellerie, fans que néanmoins lefdites lettres de ratification puiffent
donner aux acquéreurs, relativement à la *propriété, droits réels,
fonciers, fervitudes* (7) & autres,
plus de droit que n'en auront les

vendeurs ; l'effet defdites lettres étant reftreint à purger les privileges & hypotheques feulement.

(1) *Purgeront les hypotheques* ; c'eft-à-dire, le droit qu'a un créancier dans l'héritage d'autrui, qui confifte à pouvoir le faire vendre, pour, fur le prix, être payé de fa créance ; ce droit d'hypotheque eft un droit dans l'héritage, *jus in re.*

L'hypotheque n'a lieu que fur les immeubles ; pour ce qui eft des meubles, ils n'en font pas fufceptibles : on peut en donner au créancier pour la sûreté de fa dette ; mais ce n'eft pas une véritable hypotheque, c'eft un contrat de nantiffement ; *voyez l'art.* XXXV.

Celui qui eft créancier en vertu d'un acte qui donne hypotheque, a un droit acquis fur tous les immeubles de fon débiteur, tant pour ce qu'il poffede au temps qu'il crée l'hypotheque, que pour les immeubles qu'il acquiert dans la fuite, foit par vente, fucceffion ou autres.

On divife l'hypotheque en hypotheque générale & fpéciale, en hypotheque privilégiée & en hypotheque fimple.

Lorfqu'un débiteur hypotheque à fon créancier tous fes biens préfents & à venir, l'hypotheque qu'a ce créancier sur chacune des choses qui composent lesdits biens, est une hypotheque générale.

La spéciale, c'est lorsqu'on affecte nommément tel héritage.

L'hypotheque privilégiée, c'est quand on a donné un fonds, soit en rente ou en vente; celui qui a une pareille hypotheque est en droit d'être préféré sur le prix de cet héritage aux autres créanciers.

L'hypotheque simple, c'est celle qui n'est accompagnée d'aucun privilege.

Les hypotheques naissent, 1°. des actes pardevant Notaire, 2°. des jugemens, 3°. de la loi en certains cas.

La simple convention ne produit pas l'hypotheque, à moins qu'elle ne soit munie du sceau de l'autorité publique : d'où il suit que les actes sous seing privé n'étant point munis de l'autorité publique, ne peuvent produire d'hypotheque, quand même elle seroit expressément convenue, & que la date en seroit assurée par le contrôle ou par le décès de quelqu'une des parties qui les auroit souscrits.

Pour ce qui est des actes reçus par les Notaires compétents, & revêtus de toutes les formalités auxquelles ces actes

font foumis, ils produifent l'hypotheque fur tous les biens préfents & à venir
des perfonnes obligées, qu'on l'ait ou
non ftipulé, cela eft égal, parce qu'elle
eft fous-entendue ; l'autorité publique
du fceau, dont ces actes font munis, eft
ce qui leur fait produire cette hypotheque.

Mais pour cela il faut que ce foient
des Notaires établis dans le Royaume
ou dans quelque pays de l'obéiffance du
Roi ; car les actes reçus par des Notaires
étrangers, ne produifent point d'hypotheque, parce que leur autorité n'eft pas
reconnue dans le Royaume, quoique
leurs actes faffent foi, étant légalifés.

Depuis que le Roi a établi des Notaires royaux apoftoliques, qui font reçus
par les Juges royaux, leurs actes donnent hypotheques.

Il en eft de même des actes paffés par
les Notaires des Juftices fubalternes,
pourvu qu'ils les aient faits dans l'étendue de la Juftice où ils font reçus, quoique entre perfonnes domiciliées ailleurs ;
entr'autres arrêts modernes, rapportés au
dictionnaire des *Fiefs*, au mot *Notaire*,
qui ont accordé cette hypotheque, il y
en a un autre, du 8 Juillet 1780, rendu
fur les conclufions de M. Joly de Fleury,

Avocat Géneral, qui maintient les Notaires des Seigneurs dans le droit & posfession de faire, dans l'étendue de leur territoire, toutes fortes d'actes entre toutes fortes de perfonnes & pour toutes fortes de biens; le motif est qu'il est utile pour le public d'avoir plufieurs Officiers qui puiffent concourir à mériter fa confiance; que les Notaires, créés par les Seigneurs, font auffi *Officiers publiès* dans leur territoire, à l'égard de toutes perfones & de tous biens, & que par-tout où deux perfonnes étrangeres peuvent fe rencontrer, il est jufte qu'elles puiffent former un contrat & le faire conftater.

Que doit-on dire des actes reçus par un particulier qui fe feroit qualifié de Notaire fans l'être ?

Certains Auteurs prétendent que, s'il a exercé publiquement la profeffion de Notaire, ces actes font valides, & donnent hypotheques, s'il font paffés dans le Bailliage ou Sénéchauffée où il étoit regardé comme Notaire ; *voyez Henris*, *tom. 1, liv. 2, chap. 4, queft. 28.*

Obfervez que les Notaires, foit royaux, foit fubalternes, n'ont caractere public que dans l'étendue de la juftice où ils font reçus ; les actes qu'ils font hors de leur térritoire ne donnent point d'hypotheque ; pour savoir s'ils n'ont pas instrumenté hors leur ressort, ils sont obligés de faire mention du lieu où ils ont passé l'acte. Si on l'a omis, il doit demeurer pour constant que c'est hors leur territoire que l'acte a été passé, & ne doit point donner hypotheque ; il faut en excepter les Notaires du Châtelet de Paris, d'Orléans & Montpellier ; car ils peuvent recevoir des actes dans tout le Royaume.

Il est encore essentiel que les actes soient revêtus des formes auxquelles les loix les ont assujettis, parce que si la forme manque, les actes sont nuls, & ne peuvent produire aucun effet ; *quod nullum est, nullum producit effectum.*

J'ai déja dit que les actes sous seing privé ne donnent point d'eux-mêmes d'hypotheques ; s'ils sont déposés chez un Notaire & reconnus par les Parties qui les ont souscrits, l'hypotheque est du jour de l'acte de reconnoissance qu'en dresse le Notaire ; *voyez l'art.* 107 *de la Coutume de Paris, & l'art.* 2 *de l'Ordonnance de* 1539.

Les protêts, quoique faits par Notaires, ne portent point d'hypotheque ; *Déclaration du* 2 *janvier* 1717.

Si l'on assigne devant le Juge pour re-

connoître l'acte fous feing privé, l'hypotheque eft du jour du procès-verbal
de reconnoiffance ; *art. 107 de la Coutume
de Paris.*

Quand le débiteur affigné dénie la
fignature, & que fur la vérification faite
par experts , la reconnoiffance en eft
prononcée, l'hypotheque a lieu, non
feulement du jour du jugement, mais
du jour de la dénégation, pourvu qu'elle
foit formelle ; car fi elle n'étoit que va-
gue, elle ne donneroit point d'hypotheque ; *voyez deux arrêts des 2 août 1758 &
30 août 1759, rapportés par Dénifart*, au
mot *Hypotheque.*

Lorfque la reconnoiffance d'un billet
ne fe fait que contre l'héritier de celui
qui l'a confenti, elle conftate bien le
droit du créancier fur la fucceffion du
débiteur , pour lui faciliter fon paiement fur les biens de la fucceffion, par
préférence au créancier de l'héritier,
mais relativement aux autres créanciers
chirographaires de la fucceffion, celui
qui a fait reconnoître fon titre, n'a aucune préférence : le droit des uns & des
autres s'étant trouvé égal au moment de
la mort du débiteur commun, l'antério-
rité ou la poftériorité de reconnoiffance
ne changent point leurs qualités de

créanciets chirographaires ; ils doivent donc tous être alloués en concurrence ; *voyez les notes sur l'art. VI.*

Il en est de même de la reconnoissance ou vérification faite avec un curateur à la succession vacante ; ses reconnoissances ou vérifications ne portent point hypotheque sur les immeubles de la succession , & celui qui a la plus ancienne condamnation contre le curateur , n'a point d'avantage sur les autres , ainsi que l'enseigne *Chopin*, *sur la Coutume d'Anjou ; Dénisart*, au mot *Hypotheque.*

Pour ce qui est des sentences , pourvu qu'elles aient été rendues par des Juges du Royaume , ou des pays d'obéissance du Roi , elles donnent hypotheque sur les biens de ceux qui sont condamnés ; savoir , 1°. celles rendues à l'audience , quand elles sont contradictoires , du jour qu'elles ont été prononcées ; 2°. celles qui sont par défaut , faute de plaider , du jour de la signification qui en a été faite à Procureur.

3°. Celles qui sont par défaut , faute de comparoir , du jour qu'elles ont été signifiées à domicile.

4°. Celles rendues sur un procès par écrit , du jour de la signification à Procureur. *Voyez l'art. 11 du tit. 35 de l'Ordonnance de 1667.*

S'il y a appel, l'hypotheque est en suspens; mais si la sentence est confirmée par arrêt, en tout ou en partie, l'hypotheque est du jour de la premiere sentence ou signification; *voyez la premiere Déclaration sur l'Ordonnance de Moulins, du 10 juillet 1566.*

L'opposition aux sentences par défaut a le même effet, c'est-à-dire, qu'elle suspend l'hypotheque; mais si l'opposant est débouté, l'hypotheque est du jour de la signification de la sentence par défaut.

Les sentences des Juges seigneuriaux & celles des Consuls français, établis par les Rois dans les pays étrangers, ont le même privilege que celles des Juges royaux; *voyez l'Ordonnance de Moulins, article 53, qui établit l'hypotheque des sentences.*

Quant aux jugements des Officiaux, ils ne produisent point d'hypotheque, parce que l'autorité ecclésiastique ne s'étend point au temporel.

Pour ce qui est des sentences arbitrales, elles ne donnent hypotheque que du jour de l'homologation faite devant le Juge compétent, ou du jour de l'acquiescement fait à la sentence par acte devant Notaire; ce qui a lieu, quand

même par leur compromis on la leur
donneroit plutôt ; *voyez l'article 26 des
Arrétés de M. de Lamoignon , tit. des Hypotheques.*

Les fentences rendues contre les tuteurs des mineurs , curateurs d'interdits,
fabriciens , adminiſtrateurs d'hôpitaux ,
fyndics des communautés , font cenſées
être rendues contre les pupilles , interdits , fabriques , hôpitaux & communautés , & produiſent hypotheque , non ſur
les biens de l'adminiſtrateur , mais ſur
ceux pour leſquels ils ont eſté en jugement.

Obſervez que les mineurs & autres ,
dont nous venons de parler , ont hypotheque ſur les biens des tuteurs , adminiſtrateurs ou fyndics, du jour qu'ils ont
commencé d'adminiſtrer : ce qui a lieu,
quand même ils n'auroient pas eu une
vraie qualité pour les adminiſtrer , &
qu'ils ſe feroient portés pour tuteurs &
adminiſtrateurs , ſans l'être véritable-
ment , ne pouvant être de meilleure
condition que ceux qui le font réellement.

Ainſi les biens du paratre qui ne fait
point pourvoir de tuteurs les enfants du
premier lit de ſa femme , qui a perdu la
tutelle en ſe remariant , font hypothé-

qués du jour de son mariage , aux dommages-intérêts des enfants , & au compte de l'administration de leurs biens ,
quoiqu'il n'eût aucune qualité pour les
administrer.

Lorsqu'un tuteur ou autre administrateur est en avance , ce n'est pas du jour
qu'il a commencé d'administrer qu'on
lui donne hypotheque , malgré que son
fonds le soit du même instant , ce n'est
que du jour de la clôture de son
compte.

Pour ce qui est de la femme , on lui
donne hypotheque sur les biens du mari , du jour du contrat de mariage , s'il
y en a eu de passé dans le Royaume ,
sinon du jour de la bédédiction nuptia-
le , *leg. unica* , *ff. de rei uxor. act.* Ce
qui a lieu , quoique la dot n'ait pas été
payée lors de la passation du mariage ,
& qu'elle ne l'ait été que long-temps
après.

Le titulaire d'un bénéfice est regardé
comme administrateur des biens de son
bénéfice ; c'est pourquoi s'il y a des
bâtiments ou héritages , & qu'il s'y fasse
des dégradations par la faute d'un bé-
néficier , tous les biens de son patrimoine sont hypothéqués envers son bénéfice, du jour de sa prise de possession,

pour

pour les dommages & intérêts réfultants des dégradations.

Le fubftitué a une hypotheque tacite fur les biens du grévé de fubftitution , pour les dégradations qu'il a faites fur les biens fubftitués , du jour qu'elles ont été faites.

S'il a reçu certaines fommes des deniers dépendants de la fubftitution, l'hypotheque eft acquife du jour qu'il les a touchés.

A l'égard des hypotheques des jouiffances faites par un héritier des biens de fon cohéritier , on la donne du jour que la jouiffance a commencé : on trouve au Journal du Palais trois arrêts qui l'ont ainfi décidé ; le premier eft du 22 juin 1675 ; le fecond , du 19 août 1683, & le troifieme du 17 juillet 1686 ; les Auteurs du Journal difent que les anciens arrêts jugeoient que l'hypotheque n'étoit acquife aux cohéritiers que du jour du partage , mais que les derniers arrêts ont décidé que c'étoit du jour de l'addition de l'hérédité , afin d'éviter les fraudes, foit pour les fruits , foit pour les intérêts ; l'on accorde l'hypotheque du jour qu'on s'eft emparé de l'hérédité.

Les légataires ont hypotheque fur les

biens du défunt , pour les legs qui leur ont été faits , du jour du décès du teſtateur , ſoit que le teſtament ſoit olographe ou devant Notaire , & elle eſt ſolidaire contre chacun des cohéritiers.

Il en ſeroit autrement de la déclaration qu'un teſtateur pourroit faire par teſtament olographe de devoir telle choſe à tel ; il n'y auroit pas d'hypotheque , car l'on en uſeroit comme pour un ſimple billet.

Pour connoître quelles ſont les perſonnes qui peuvent hypothéquer leurs biens , il faut obſerver qu'en général tous ceux qui peuvent validement les aliéner , peuvent auſſi les hypothéquer.

Les tuteurs peuvent même hypothéquer les biens de leurs mineurs , en obſervant les formalités ſur ce néceſſaires.

Il en eſt de même des adminiſtrateurs, ils peuvent hypothéquer les biens des communautés qu'ils régiſſent.

Le mineur émancipé peut auſſi hypothéquer ſes biens ; mais ſi l'acte par lequel il l'engage lui eſt déſavantageux , il peut faire annuller l'hypotheque , en prenant des lettres , & faiſant reſcinder ſon obligation. S'il garde le ſilence juſqu'à trente-cinq ans, ou qu'il ratifie en majorité l'obligation qu'il avoit faite pendant qu'il étoit mineur, l'hypotheque est acquise du jour de l'obligation, quoique faite en minorité, ainsi que je l'ai dit ailleurs.

Les interdits, ni ceux qui sont en démence, ne peuvent point hypothéquer leurs biens.

A l'égard des femmes en puissance de mari, il faut distinguer la nature des biens qu'elles possédent & le pays qu'elles habitent ; en pays de Droit écrit, une femme, en puissance de mari, ne peut, pour simple prêt, hypothéquer ses biens dotaux ; mais elle peut hypothéquer les paraphernaux, sans qu'elle ait besoin de l'autorisation de son mari. Pour ce qui est des femmes qui ont leurs biens en coutume, elles peuvent les hypothéquer, quoique pour simple prêt, étant autorisées du mari.

Lorsque l'hypotheque est une fois acquise sur un immeuble, quoiqu'on le vende, les créanciers peuvent le suivre, faute de paiement de ce qui leur est dû, même le faire vendre sur le tiers possesseur, par saisie réelle, pourvu qu'il n'ait pas obtenu des lettres de ratification, ou que l'hypotheque n'ait pas prescrit.

J'ai déja obfervé qu'en pays de Droit écrit, & dans certaines coutumes, en cas de vente volontaire, les créanciers avoient dix ans entre préfents, & vingt ans entre abfents, pour attaquer le tiers - détenteur des fonds qui leur avoient été hypothéqués ; il y a même des coutumes qui prorogent l'action jufqu'à trente ans, comme celle d'Auvergne.

Avant l'Edit de 1771, pour conferver l'hypotheque, il fuffifoit (en pays de Droit écrit,) de faire affigner dans les dix ans, le tiers-poffeffeur, pour voir ordonner que tel héritage demeureroit hypothéqué au paiement de telle créance, & qu'il feroit permis d'en jouir ou de le faire vendre, & d'obtenir fur cette demande fentence, cela prorogeoit l'action pendant trente ans, du jour de la fentence. On demande fi cette précaution peut fuffire aujourd'hui, ou s'il faudra former oppofition entre les mains du Confervateur.

Il n'y a rien de bien conftant encore fur cela : dans certains Sieges j'ai vu que l'on a jugé tantôt pour & tantôt contre ; pour moi je crois que la demande en déclaration d'hypotheque, fuivie de condamnation avant que le

contrat de vente ait été expofé aux hypotheques , doit fuffire , parce que l'É-
dit de 1771 n'a pas abrogé ces demandes ; il eft même indifpenfable , dans
certaines hypothefes, d'y avoir recours :
par exemple, lorfque l'acquéreur ne met
point fon contrat aux hypotheques, &
qu'l eft dans le cas de prefcrire par la
poffeffion de dix ans ; alors le créancier n'ayant d'autre reffource que la demande en déclaration d'hypotheque ,
il eft néceffité d'y avoir recours , les
oppofitions ne pouvant rien opérer en
pareil cas ; or ne feroit-il pas abfurde
que celui qui fe feroit mis ainfi en regle , en fût dépouillé , fans qu'on l'eût
attaqué ?

D'ailleurs , celui qui forme une demande en déclaration d'hypotheque ,
eft en droit de conclure à ce que le poffeffeur foit tenu de lui déguerpir les héritages acquis , ou de lui paffer titre nouvel , en un mot , de lui faire confentir
une obligation perfonnelle. Or quand
cela eft fait , celui qui s'eft ainfi enga-
gé , peut-il s'en mettre à l'abri , en
prenant des lettres de ratification ?

Ce que je viens de dire paroit être
conforme à ce qui a été jugé par arrêt
du Parlement de Paris , du 18 juillet

1776 , rapporté dans le repertoire de Jurifprudence , où l'Auteur attefte que cet arrêt a jugé que la demande en déclaration d'hypotheque devoit avoir lieu , nonobftant les lettres de ratification : ceci doit être entendu de la demande formée & condamnation obtenue avant que le contrat ait été expofé aux hypotheques.

Que doit-on dire fi un créancier avoit fait faifir réellement les biens de fon débiteur , que les autres créanciers euffent formé leur oppofition , non entre les mains du Confervateur des hypotheques, mais au greffe où la faifie réelle feroit fuivie , que le pourfuivant la laiffât , & fe fît confentir une vente , fur laquelle il auroit obtenu fans oppofition des lettres de ratification ?

Je penfe que l'oppofition , faite à la faifie réelle, feroit fuffifante pour conferver les hypotheques ; parce que , du moment que les heritages font faifis réellement , & qu'il y a des oppofitions, le propriétaire ne peut les vendre que du confentement de tous les oppofants , ainfi que l'obferve *Maynard*, *liv.* 2 , *chap. 63 ; la Roche & Graverol*, *afforim 18* ; or , s'il ne peut les vendre , il ne peut transférer la propriété que du consentement des parties intéressées.

Le 9 juillet 1781 est intervenu arrêt au Parlement de Paris, qui a jugé le contraire de celui rapporté dans le répertoire de Jurisprudence ; qu'un créancier qui avoit formé une demande en déclaration d'hypotheque contre un nouvel acquéreur, n'avoit pas été dispensé par cette demande, contre laquelle il y avoit même des défenses de fournies, de former opposition au sceau des lettres de ratification que le nouvel acquéreur avoit obtenues, & que, faute de l'avoir fait, il avoit perdu son hypotheque.

(2) *Et privileges* ; qu'un créancier, soit privilégié ou hypothécaire, est également obligé de former opposition ; *voyez la note 2 du premier article.*

J'ai donné une idée des créances hypothécaires, je vais en faire de même des créances privilégiées.

En cas de vente d'un immeuble sur saisie réelle, les frais de justice ont un privilege sur toute autre créance.

1°. On alloue ensuite les frais funéraires & de la derniere maladie du propriétaire des fonds ; mais ce privilege n'est accordé que dans le cas où il n'y

auroit pas de mobilier pour les payer ;
le fondement de ce privilege n'est qu'une
pure raison de pitié ; *voyez M. le Prêtre.*

Tous les frais de l'enterrement du défunt doivent-ils jouir de ce privilege ?

M. le Camus jugeoit que ces frais devoient être bornés à ceux du port du
corps & à l'ouverture de la terre.

Le Parlement juge souvent le contraire, & donne un privilege indéfini à
tout ce qu'il en coûte pour les frais funéraires ; Ferrieres rapporte plusieurs
arrêts sur l'art. 119 de la Coutume de
Paris, qui l'ont ainsi jugé ; mais il faut
qu'il y ait obligation ou condamnation
obtenue dans l'année du décès du débiteur, sans quoi le privilege est éteint,
même l'action ; *voyez le traité du gouvernement des paroisses, pag.* 246 ; parce
qu'après l'an & jour les Curés sont censés payés, ou présumés avoir fait remise
de leurs droits.

2°. Après les frais funéraires, le privilege est dû à celui qui a conservé
l'héritage : non seulement il l'emporte
sur tous les autres créanciers, mais encore sur les droits seigneuriaux ; car celui qui a conservé l'héritage, a travaillé
pour les créanciers, pour le Seigneur
comme pour les autres. *Fecit ut res esset*
in

In bonis debitoris ; il leur a conservé leur fonds, ils doivent donc tous souffrir qu'il perçoive avant eux, ce qu'il a dépensé pour la conservation de l'héritage, ayant fait cette dépense pour la cause commune.

On distingue cependant celui qui a conservé l'héritage, en faisant faire des réparations sans lesquelles il auroit été emporté dans son entier, d'avec celui qui n'a fait que l'améliorer, soit en le reparant ou en y faisant une nouvelle construction : quant au premier privilege, il s'étend sur la totalité de l'héritage, attendu qu'on l'a conservé en son entier ; mais l'autre n'a lieu que sur la plus value de l'héritage, car il a seulement *ut res debitoris effet melior.* Si un particulier est créancier d'une pareille amélioration, on ne doit lui donner de privilege que jusqu'à concurrence de ce qu'on estimera que l'héritage a été vendu plus qu'il ne l'auroit été sans la réparation.

3°. Ensuite vient le privilege des droits seigneuriaux : on n'a pas besoin de former opposition pour conserver la seigneurie, mais il en est autrement pour les arrérages ; *voyez ce que j'en ai dit sur l'article XXXIV.*

4°. Le bailleur du fonds vient après ; il est cependant obligé de former opposition pour conserver les arrérages & le principal, lorsque la rente n'est pas seigneuriale ; *voyez les notes sur l'article XXXIV*.

5°. Quant au vendeur de l'héritage, sans avoir été payé du prix, l'on a douté long-temps au Parlement de Paris, si, lorsque la vente avoit été faite sans qu'on eût reservé l'hypotheque , le vendeur avoit un privilege, le droit romain ne lui en accordant aucun ; mais l'on a fait prévaloir l'équité à la subtilité du droit ; de sorte qu'on accorde au vendeur un privilege sur l'héritage vendu , quoi-qu'il n'y ait pas des reserves : cette question ayant été proposée aux Mercuriales du Parlement de Paris , l'on répondit que le vendeur a son privilege & hypotheque spéciale & indivise sur les immeubles qu'il a vendus, à lui appartenants , encore qu'il ne l'ait pas expressément reservé ou stipulé dans le contrat. Néanmoins , lorsqu'on fait décreter l'héritage vendu, pour une dette de l'acquéreur , les frais du décret sont privilégiés. *Basnage , traité des hypotheques , pag.* 338.

6°. Les Médecins , Apothicaires &

Chirurgiens ont un privilege sur les meubles du malade, & subsidiairement sur les immeubles, pour les visites, pansements & médicaments qui lui ont été fournis pendant la derniere maladie. *Voyez Louet & Brodeau, lettre C, n°. 29.* Pour ce qui est des Bouchers, un arrêt du 13 décembre 1766, après deux audiences de plaidoirie, a jugé en faveur du sieur Cadot, que le nommé Simon, Boucher à Giles, n'avoit point d'hypotheque sur les immeubles de son débiteur, mais seulement un privilege pour la fourniture de viande pendant la derniere année de la maladie du débiteur.

Il y a encore le privilege des domestiques, de ceux qui prêtent pour ensemencer les biens fonds, & des Boulangers; mais comme ce sont des privileges qui n'ont lieu que sur les meubles, il seroit inutile d'en faire ici le détail.

Sur les privileges, voyez encore mes notes sur l'art. XIX.

(3) *Tous créanciers;* quoique ces termes soient généraux, cependant l'art. XXXII fait une exception pour les femmes en puissance de mari, pour les enfants, pour le douaire non échu; l'art. XXXIII

fait aussi une exception à l'égard des biens substitués ; l'art. XXXIV en faveur des Seigneurs.

Les gens d'Eglise, créanciers pour fondations ou autres charges réelles, sont-ils obligés de former opposition pour conserver leurs hypotheques ?

Certains Auteurs du Parlement de Toulouse soutiennent qu'en cas de saisie réelle, les Ecclésiastiques n'ont pas besoin de former opposition, sous prétexte que les biens d'Eglise ne peuvent être aliénés qu'en observant les formalités prescrites pour ces aliénations, tant par les Canons que par les Ordonnances ; que les fondations étant des charges réelles & imprescriptibles, le fonds sur lequel elles sont hypothéquées, ne peut être adjugé que sous la condition d'en faire le paiement ; & anciennement le Parlement de Paris le jugeoit de même.

Cependant d'Héricourt, *Traité de la vente des immeubles*, atteste que, de son temps au Palais, on convenoit que le défaut d'opposition aux décrets, de la part des gens d'Eglise, soit afin de distraire ou afin de charge, faisoit perdre toute hypotheque, de même que le droit de propriété ou les autres droits réels

que l'Eglise pouvoit avoir fur le fonds
décreté ; & la raifon qu'il en donne ,
eft que les biens d'Eglife font régis par
les loix du Royaume , que lorfqu'il n'y
a point d'exception particuliere en faveur de l'Eglife , elle eft fujette à veiller à la même confervation que les fim-
ples particuliers : or , l'Edit de 1771
n'ayant fait aucune exception à l'avantage des gens d'Eglife , il fuit delà qu'ils
font tenus de former oppofition , comme
les autres particuliers , pour la confervation des fondations ou autres charges
réelles qui leur font dues , à peine de
perdre l'hypotheque ; mais , au moyen
de l'oppofition , fi le nouvel acquéreur
prend des lettres , ils peuvent l'obliger
de continuer la fondation , ou à rendre
le principal. Lacombe obferve néanmoins , *au mot fondation* , que la queftion fouffre beucoup de difficultés.

Pour ce qui eft des dîmes , foit qu'elles appartiennent aux gens d'Eglife , foit
qu'elles appartiennent à d'autres, on n'eft
pas obligé de former oppofition pour conferver ce droit , par la raifon que tout
le fonds étant chargé de payer la dîme ,
celui qui acquiert , ne peut ignorer qu'il
fera tenu d'acquitter ce devoir , foit que
la dîme fe paye en efpeces , foit qu'elle

ait été légitimement abonnée. *D'Héricourt, page 153.*

Les mineurs font auffi obligés de former oppofition. *Voyez la note 2, article XVII.*

Que doit-on dire de l'ufufruitier, fi l'on vient à vendre le fonds fur lequel il a l'ufufruit ? Denifart, *au mo Ratification*, attefte avoir fait juger que l'ufufruitier n'eft pas obligé de former oppofition aux lettres de ratification, pour un office & rente due fur le Roi : les mêmes regles doivent ê·· pratiquées aujourd'hui pour toutes efpeces de ventes ; cependant Thibaut *. fur les décrets, page 158, de la premiere édition*, dit que l'ufufruitier eft obligé de former oppofition pour conferver l'ufufruit de l'héritage mis en décret.

Un Eccléfiaftique doit-il former oppofition pour conferver fon titre clérical ? Je penfe qu'il faut diftinguer le cas où l'on a créé une telle fomme, pour tenir lieu de titre, de celui où l'on a donné tel fonds.

Au premier cas, la Jurifprudence du Parlement de Paris, eft de n'accorder aucun privilege au titre clérical ; d'ailleurs les lettres de ratification purgent non feulement les hypotheques, mais encore les privileges.

Au second cas, les héritages qui servent de titre font inaliénables ; ainsi, les lettres ne peuvent rien opérer pour prouver qu'ils font inaliénables ; il suffit de remonter à l'origine des titres cléricaux.

Dans la primitive Eglise on ne promouvoit à la prêtrise que ceux qui étoient en même temps pourvus d'un bénéfice ; parce que ceux qui font ainsi promus, doivent seulement vaquer aux choses divines, & s'abstenir entiérement du négoce des choses profanes ; mais la dévotion & la néceffité ayant contraint de faire plus de Prêtres qu'il n'y avoit de bénéfices, il fallut y apporter un remede, & chercher un expédient, afin qu'un Prêtre eût de quoi vivre ; delà la création des titres cléricaux. Le Concile de Nicée, celui de Calcédoine & celui de Latran ont approuvé cet expédient, & les Ordonnances de nos Rois, & notamment celle d'Orléans, *article 12*, l'ont autorifé : *Défendons*, porte cet article, *à tous Prélats promouvoir aucun à l'Ordre de prétrise, qu'il n'ait bien temporel ou bénéfice suffisant pour se nourrir & entretenir, de valeur de cinquante livres par an au moins.* Pour prévenir les inconvénients qui auroient pu en réfulter, fi un Ecclésiastique avoit pu aliéner son titre clerical, le même article ajoute ; *avons déclaré les revenus temporels* (du titre patrimonial) *inaliénables & non sujets à aucune obligation & hypotheque créée depuis la promotion du Prêtre & durant sa vie*. M. Leprêtre, *cent. 3, pag. 598*, rapporte un arrêt du 10 juin 1610, qui a jugé que, non seulement un titre clérical est inaliénable, mais encore que la rétrocession faite au profit de celui qui l'a créé, est nulle, parce que les titres cléricaux sont de droit public. *Voyez d'Hericourt, de la Vente des Immeubles, pag. 55, Fevret, Traité de l'Abus, l. 2, chap. 3, nº. 21, & Catelan, livre 1, chapitre 5.*

Que doit-on dire des arrérages de ce titre ? Il ne peut être douteux que, par le défaut d'opposition, l'hypotheque est purgée.

Il en doit être de même pour les pensions des Religieux ou Religieuses ; en un mot, pour tout ce qui peut donner lieu à une demande en déclaration d'hypotheque.

Les créanciers des dettes conditionnelles doivent aussi former opposition, s'ils veulent conserver leurs droits & hypotheques ; *d'Hericourt, page 157*. En ce cas, en procédant à l'ordre, l'on ordonne que les créanciers poftérieurs en hypotheques à la créance condition-nelle, ne toucheront ce qui leur eft dû par leur collocation, qu'à la charge de rapporter la fomme qu'ils reçoivent, en cas qu'il fe trouve par l'événement, que la créance foit due à celui qui a formé fon oppofition comme créancier con-ditionnel ; on l'oblige auffi à donner caution. *Voyez Domat, liv. 3, tit. 1, fect. 3, page 201, du tom. 1.*

Celui qui a acquis pour fe payer d'une ancienne hypotheque, ou qui a été chargé de payer d'anciennes créances, s'il les a acquittées, il doit auffi former oppofition ; s'il ne le fait pas, les créan-ciers oppofants, quoique poftérieurs, doivent être préférés fur le prix. *Voyez Denifart, au mot Ratification.*

Les créanciers délégués dans le con-trat de vente, doivent auffi former op-pofition, à peine d'être déchus de leurs hypotheques, ainfi que je l'ai dit ail-leurs ; mais fi l'acquéreur avoit accepté la délégation, & fe fût obligé de payer, ou qu'il en eût acquitté partie, ce feroit alors à lui à former l'oppofition ; s'il ne le faifoit pas, fon obligation ne fubfif-teroit pas moins.

Un créancier délégué peut-il fe faire

payer à l'échéance du terme convenu, lorsque le contrat a été mis aux hypotheques, & qu'il y a des oppofitions de la part des créanciers poftérieurs ? Je ne ne le penfe pas : dès l'inftant qu'une vente eft mife aux hypotheques, les termes, délais & tranfports font regardés comme non écrits ; car l'acquéreur doit, au defir de l'art. XIX. co figner le prix, ainfi que nous le dirons ailleurs, & il doit être enfuite procédé à l'ordre, conformément à l'art. XIX déja cité.

J'ai vu élever des conteftations, de la part du vendeur, contre des oppofants non antérieurs en hypotheques, aux créances déléguées. & prétendre qu'ils devoient donner ma n-levée de leurs oppofitions, fans être payés & que s'ils donnoient lieu à la confignation du prix & ord e des créanciers, s'ils n'étoient pas alloués en rang utile, ils devoient fupporter, en leur nom & fans efpérance de répétition, tous les frais qui fe faifoient à ce fujet.

Une pareille prétention ne me paroît pas fondée, 1°. il peut y avoir de la collufion entre le créancier délégué & le vendeur ; afin de la faire connoître, il doit être permis aux créanciers poftérieurs d'affifter à ce qu'ils font pour la confervation de leurs droits ; 2°. dans

tous les ordres l'on oblige les créanciers
à affirmer que les sommes pour lesquelles l'on se fait allouer, sont bien & légitimement dues. Or, si la prétention que
nous combattons avoit lieu, les créanciers n'auroient pas cette ressource ; enfin c'est ici une subrogation au décret
volontaire, & jamais on ne juge qu'en
pareil cas les créanciers, quoique non
alloués en rang utile, dussent supporter
les frais de l'ordre.

(4) *Opposition.* C'est l'empêchement
que les créanciers forment entre les mains
du Conservateur des hypotheques sur les
biens de son débiteur, afin qu'aucune
lettre de ratification ne soit expédiée au
préjudice de ses droits.

En cas de saisie réelle, il y a de quatre especes d'oppositions, 1º. l'opposition afin de conserver ; 2º. l'opposition
afin d'annuller ; 3º. l'opposition afin de
distraire ; 4º. l'opposition afin de charge.

L'exposition du contrat aux hypotheques n'opere rien, quant à la propriété ;
l'on n'a pas besoin de former des oppositions, ni en nullité, ni en distraction ;
on ne peut donc en former que de deux
especes, l'opposition afin de conserver &
d'être payé de ses créances, & l'opposition afin de charge.

On peut former les oppositions en tout temps, pourvu que l'acquéreur n'ait pas fait sceller les lettres de ratification.

Non seulement les créanciers de celui qui a vendu peuvent former opposition aux hypotheques pour les ventes que leur débiteur peut faire, mais encore s'ils sont négligents & délayants, & qu'ils aient eux-mêmes des créanciers, ceux-ci peuvent, en exerçant les droits de leurs débiteurs, former opposition en sous-ordre ; cela se pratique ainsi dans les saisies réelles : les mêmes regles doivent avoir lieu en cas d'exposition des ventes aux hypotheques. le créancier qui a formé une pareille opposition, est alloué en sous-ordre au même rang que son débiteur.

Observez que les frais qui se font pour les créances qui doivent s'allouer en sous-ordre, ne sont pas à la charge du principal débiteur ; ils se prennent sur la somme qui est adjugée au créancier, dont on fait la distribution en sous-ordre.

Le créancier d'une rente fonciere & celui à qui il est dû une garantie, peuvent former opposition, afin de conserver l'hypotheque qu'ils ont sur le fonds qui a été vendu ; mais comme il est incertain si la garantie aura lieu ou non,

l'Edit de 1551 porte qu'il sera passé outre à la distribution ; pour le regard des
oppositions des recours & garanties, à la
charge que les opposants postérieurs seront tenus de restituer les deniers, qui
par eux seront reçus, à l'opposant, pour
la garantie qui seroit trouvée être précé-
dente en l'hypotheque, aux opposants à
qui la distribution en avoit été faite.

D'Héricourt ajoute qu'on doit observer la même chose quand l'opposition
est formée pour une dette certaine, mais
dont le terme du paiement n'est pas encore échu dans le temps qu'on fait l'ordre des créances, ou quand une créance échue n'est pas liquidée, ou qu'il
faut beaucoup de temps pour faire la li-
quidation.

Les enfants sont-ils obligés de former
opposition pour conserver leurs droits
légitimaires ?

Ayant la liberté de les demander en
fonds ou en corps héréditaire, & les
lettres n'ayant aucun effet, quant à la
propriété, le défaut d'opposition ne
sauroit leur nuire, quant au principal
de la légitime ; mais pour ce qui est
des revenus & jouissances, ce défaut
d'opposition purgeroit l'hypotheque.

Quand la légitime a été fixée en argent, ou qu'on ne peut abandonner cette fixation pour la demander en fonds ; comme la fille qui a été dotée à telle somme, moyennant laquelle elle ait renoncé, ou qu'on a laissé passer le temps de pouvoir exiger la légitime en fonds ; alors le défaut d'opposition aux hypotheques doit purger le capital de la légitime fixée en argent.

A l'égard du supplément de légitime, étant dû en fonds, il est évident que les lettres qu'on peut obtenir, ne sauroient rien opérer, puisqu'elles n'ont aucun effet sur la propriété.

Il est vrai que l'héritier a la liberté de payer le supplément de légitime en argent, quand le légitimaire a reçu de l'argent pour sa légitime, ou donner des fonds ; mais comme il ne suffit pas de dire, j'offre de payer en argent, qu'il faut au contraire effectuer ; si celui qui demande le supplément, n'est pas payé en argent, rien n'empêche qu'il ne puisse demander le supplément en fonds, quoiqu'il ait été vendu ; j'ai cependant vu décider différemment en consultation, & qu'en pareil cas le légitimaire perdoit son droit, faute d'avoir formé opposition. D'après ce que je viens d'observer, je ne saurois adopter cet avis.

S'il arrive qu'on forme une opposition mal à propos, qui retarde la distribution du prix de la vente, & qu'on
cause par-là des frais & du préjudice
aux derniers créanciers, à cause que les
anciennes créances croissent, & les hypotheques s'augmentent, tant par les
frais que par les intérêts, qui courent
pendant qu'on fait vuider les incidents,
il est juste que celui qui a formé une
telle opposition, soit puni ; & la peine qu'on lui impose ne consiste pas à
payer les dépens de la procédure, il
faut de plus qu'il paye une amende,
conformément à l'Edit de 1551, qui
ajoute que ceux qui se sont opposés
ainsi témérairement, s'ils ne sont en
état de payer l'amende & les arrérages, ils doivent y être contraints par
corps.

Ceux qui sont déclarés n'être pas
créanciers, doivent être considérés
comme opposants téméraires, sur-tout
quand il est évident que leur opposition
est hasardée ou sans fondement ; par
exemple, Pierre a vendu un héritage à
Jacques, & quittancé le prix ; quelque
temps après il emprunte une somme de
Guillaume ; Jacques ne fait passer son
contrat aux hypotheques que trois ou

quatre ans après. Si Guillaume préten-
doit faire rapporter le prix , ce seroit
une prétention téméraire , qui lui atti-
reroit la condamnation de l'amende &
des dépens ; parce que l'héritage vendu ne lui auroit jamais été hypothéqué.

Mais quiconque se trouve créancier
du vendeur , à l'époque de la vente ,
quoiqu'il ne soit pas alloué en rang
utile , il n'est pas dans le cas dont je
parle , & cela , quand même il seroit
évident qu'il ne peut venir en rang
utile.

Lorsqu'un créancier opposant a besoin de faire des preuves pour établir
son droit , le Juge ordonne que , dans
tel délai , il se mettra en regle , sinon
qu'il sera fait droit.

Celui qui a formé une demande en
requête civile contre un arrêt , peut aussi
former opposition; & dans le cas où l'arrêt seroit cassé , son hypotheque est conservée.

Le créancier d'une rente , quoiqu'e-
xactement payée , peut aussi former opposition , & si le débiteur alienne en
tout ou en partie le fonds sur lequel la
rente est hypothéquée , il peut demander que le prix soit consigné , & se faire

re rembourfer le capital; c'eft ainfi qu'on le pratique en cas de faifie réelle , & les mêmes regles doivent avoir lieu, quoiqu'en vente volontaire, puifque l'hypotheque eft éteinte. L'arrêt de Pouchaftrine, rendu en conféquence d'un décret volontaire, l'a ainfi jugé ; ce qui doit avoir lieu, quand même l'acquéreur offriroit de continuer la rente. *Voyez Pothier , Traité de la Procédure civile , en parlant du Décret volontaire.*

Inutilement l'acquéreur & les autres créanciers diroient qu'il refte au débiteur de la rente affez des fonds pour répondre du capital; car le créancier n'eft pas obligé de rien céder de fon hypotheque; il faut qu'elle fubfifte telle qu'elle eft avant la vente, fans aucun démembrement. Dès l'inftant qu'il y a une vente d'expofée aux hypotheques, fi le créancier laiffe fceller le contrat fans y former oppofition, fa fûreté diminue, & infenfiblement il pourroit être dans le cas de perdre ; pour prévenir cela, on lui accorde le rachat du capital.

Je penfe néanmoins que fi l'acquéreur donnoit fon confentement à ce que l'hypotheque fubfiftât , nonobftant les lettres , sur le fonds par lui acquis , qu'alors le créancier de la rente ne pourroit se faire rembourser le capital , puisque l'essence d'un pareil acte est que le créancier ne puisse jamais exiger le rachat.

Ceux qui ont acheté des rentes , quoiqu'avec la promesse de garantir , fournir & faire valoir , doivent former opposition , en cas de vente des fonds hypothéqués à la rente ; s'ils négligeoient de le faire , ils ne pourroient exercer aucun recours contre celui qui auroit cédé la rente , sur-tout s'il étoit justifié , qu'en cas qu'il eût formé opposition , elle auroit été allouée en rang utile.

Il en est de même , lorsqu'il est question du transport d'une créance cédée avec garantie ; si le cédataire néglige de former les oppositions nécessaires , & qu'à cause de cela la créance soit perdue , il ne peut faire valoir la garantie.

Pour pouvoir former opposition aux hypotheques , est-il nécessaire d'avoir un titre hypothécaire ? Non , il suffit d'être créancier au temps de la vente. En parlant des créanciers privilégiés , l'on a vu qu'il y en a certains qui n'ont point de titres, comme les Curés pour les frais funéraires, les Médecins, Chirurgiens, & autres. Et l'article XIX du préfent Edit, en ordonnant que les créanciers chirographaires feront alloués par concours, donne fuffifamment à entendre qu'il fuffit d'être créancier à l'époque de la vente, pour qu'on foit fondé à former oppofition aux hypotheques. *Voyez les notes fur l'article XIX ci-après.*

(4) *Dans la forme qui fera prefcrite ci-après. Voyez les art. VIII, XII, XV & XXI;* le premier indique ce que l'acquéreur doit faire pour obtenir les lettres de ratification ; l'art. XII parle très-vaguement de l'oppofition formée aux affiches, fur la forme de laquelle l'art. XXI s'explique plus particuliérement, & l'art. XV regle la forme des oppofitions formées fur le propriétaire avant aucune aliénation.

J'ai obfervé fur l'aricle XV qu'une pareille oppofition n'avoit pas l'effet de faire produire intérêt aux créances, comme celles formées à une faifie réelle.

(5) *Propriétaires incommutables.* Pour

que cela soit, il faut que celui qui a
vendu l'héritage, soit lui-même propriétaire ; car s'il avoit aliéné le bien d'autrui, en tout ou en partie, les lettres
de ratification n'operent rien, suivant
le présent article.

Il faut encore que l'héritage ne soit ni
sujet à aucune substitution ni à aucunes
des hypotheques dont il est parlé dans
les articles XXXII, XXXIII & XXXIV,
puisqu'elles ne sont pas purgées par les
lettres de ratification.

(6) *Des offices & rentes par nous constituées*. Quoique le sceau des lettres de
ratification soit comparé à celui des provisions des offices, il y a une grande
différence.

En effet, les immeubles & rentes réelles sont dans le commerce ; la propriété
s'en transfere en vertu d'un contrat passé
entre le vendeur & l'acquéreur, & par
la volonté seule des contractants ; les
lettres n'operent donc rien, quant au
contrat en lui-même, qui n'a pas besoin de confirmation pour être valable ; il faut qu'il se soutienne de lui-
même ; elles ne font qu'exclure la demande en déclaration d'hypotheque,
au lieu que le Roi est le maître de re-

fuſer la démiſſion du titulaire , quand
il juge ſes ſervices néceſſaires pour le
bien publ c , ou de le donner à tel autre qu'il juge à propos , parce que les
offices ne ſont pas dans le commerce.

Par Edit du mois de mars 1753 , il a
été créé , à titre d'office , quatre Greffiers , Conſervateurs des hypotheques,
ſur les rentes conſtituées , ſur les tailles
& autres revenus de Sa Majeſté , pour
recevoir les oppoſitions de ceux qui
prétendent quelque droit ſur les propriétaires & vendeurs de ces rentes ; cet
Edit porte » que pour conſerver à l'a-
» venir les hypotheques ſur les rentes
» conſtituées , & à conſtituer ſur les re-
» venus de Sa Majeſté , les créanciers
» ou autres qui prétendront droit ſur les
» propriétaires ou vendeurs deſdites
» rentes , ſeront tenus de former op-
» poſition entre les mains des Conſer-
» vateurs des hypotheques , leſquelles
» oppoſitions conſerveront pendant une
» année les hypotheques & droits pré-
» tendus ſur leſdites rentes , ſans qu'il
» ſoit beſoin de faire autres diligences,
» & pour ſûreté de ceux qui demeure-
» ront propriétaires deſdites rentes par
» acquiſition , partage ou autre titre ,
» ils ſeront ſeulement tenus , à chaque

» mutation , de prendre fur leurs con-
» trats des lettres de ratification , fcel-
» lées en la grande Chancellerie ; & fi
» avant le fceau defdites lettres , il ne
» fe trouve point d'oppofition , après
» qu'elles auront été fcellées fans op-
» pofition , lefdites rentes feront pur-
» gées de tous droits & hypotheques ,
» & les acquéreurs d'icelles demeure-
» ront propriétaires incommutables ,
» fans être fujets aux dettes de ceux
» qui les auroient vendues , tout & ainfi
» qu'il fe pratique pour les oppofitions
» au fceau fur les offices. » *Voyez Dénifart* , *au mot* Ratification , *& Pothier* ,
Traité des Hypotheques.

(7) *Relativement à la propriété , droits
réels , fonciers , fervitudes.* Si on a vendu
les biens d'autrui , les lettres de ratification n'ont aucun effet , quoique ce
foit un doute fi , en cas de faifie réelle ,
& qu'on y ait compris les biens d'autrui,
faute d'y avoir formé oppofition dans
le temps néceffaire , on ne perdroit pas
la propriété.

A l'égard des fervitudes réelles , les
Jurifconfultes en diftinguent de deux
efpeces ; ils appellent fervitudes laten-
tes ou difcontinues celles qui ne fubfif-

tent point par elles-mêmes, ou par l'é-
tat du fonds auquel la fervitude eft due,
& qui ne dépendent pas de l'exercice
du propiétaire, comme le droit de paffer dans la cour de fon voifin, ou de
puifer de l'eau dans fon puits : en fait
de décret, comme ces fervitudes ne
peuvent fe prévoir par l'infpection des
lieux, elles font purgées faute d'oppofition. Les fervitudes que les Auteurs
appellent continues & apparentes, fub-
fiftant par elles-mêmes, & dépendant
de l'état des lieux, elles emportent
avec elles une efpece de propriété, ou
de la chofe ou du fonds, elles s'exer-
cent fans le miniftere de l'homme ; des
pareilles fervitudes ne font pas purgées
par le décret. Comme l'Edit des hypotheques n'a fait aucune exception, celui qui a obtenu de pareilles lettres, ne
peut jamais s'en prévaloir, de quelque
efpece de fervitude qu'il s'agiffe ; car
ce n'eft pas une hypotheque, mais un
droit qu'on prétend fur la propiété du
fonds fur lequel la fervitude eft pré-
tendue.

A R T I C L E V I I I.

Sera tenu l'acquéreur, avant le
fceau defdites lettres, de dépofer

au greffe du Bailliage ou Sénéchauffée, dans le reffort duquel feront
fitués les héritages vendus, le contrat de vente d'iceux, comme auffi
le Greffier dudit Bailliage & Sénéchauffée fera tenu, dans les trois
jours dudit dépôt, d'inférer dans
un tableau qui fera à cet effet placé
dans l'auditoire, un extrait dudit
contrat, quant à la tranflation de
propriété feulement, prix & condition d'icelle, lequel reftera expofé *pendant deux mois* (1); avant
l'expiration defquels ne pourra être
obtenu fur aucun contrat aucunes
lettres de ratification.

(1) *Pendant deux mois.* Ce délai eft
de rigueur, ces deux mois doivent être
francs; l'on ne peut y comprendre ni
le jour que le contrat eft expofé, ni celui que les lettres font fcellées, fuivant
la regle. *Nam dies termini non computan-
tur in termino.*

Les mois n'étant pas égaux, puifqu'il
y en a de 31, de 30 & de 28 jours,
il faut cependant que la vente refte expofée

poſée pendant deux mois ; celui qui ex-
poſeroit ſon contrat le 31 décembre,
& obtiendroit les lettres le premier mars
ſuivant, ne ſeroient-elles pas obtenues
avant le délai ? Cela ne peut ſouffrir
de doute : il eſt vrai que du 31 décembre
au premier mars, l'on compte deux
mois, ſuivant la maniere de calculer
les années ; mais le mot *mois*, proféré
ſimplement & ſans aucune énonciation
de temps certain & préfix, eſt entendu
devoir contenir l'eſpace de trente jours,
comme il eſt décidé par les Interprê-
tes. *Si maritus provenerit*, §. *hæc in ma-
ritis* ; & ſur la Loi, *miles*, §. *ſex iginta
ff. ad leg. jul. de adult.* Il faut donc ſoixante jours francs, du jour que l'acte a été
expoſé, aux lettres ; mais pouvu qu'il
y ait ſoixante jours francs, quoique
les lettres s'obtiennent dans les deux
mois, elles ſont valables : par exemple,
ſi l'on met le contrat aux hypotheques
le premier juillet, l'on peut obtenir les
lettres le 31 août, puiſqu'il y a ſoixante
jours francs, & le jour de l'expédition
& de l'obtention des lettres ; ce qui ſuffit pour compléter les deux mois, puiſque je viens de dire que par *mois* l'on
n'entend que *trente jours.*

Il eſt de rigueur que le contrat reſte

soixante jours exposé avant de pouvoir obtenir les lettres ; mais rien n'oblige l'acquéreur de les obtenir d'abord après les deux mois expirés ; il peut au contraire attendre plusieurs années s'il veut. Toute la peine est que si l'on forme des oppositions après les deux mois, ces lettres ne sont scellées qu'à la charge de ces oppositions : mais aussi il n'est pas sujet à celles qui subsistoient alors , & qu'on a laissé passer avant l'obtention des lettres , faute de les avoir renouvellées.

Inutilement l'opposant diroit que l'acquéreur a agi par fraude , en tardant à prendre les lettres jusques à ce que le temps de son opposition a été expiré ; parce qu'il doit s'imputer de ne l'avoir pas renouvellée dans le temps prescrit.

Je viens de dire que les lettres obtenues avant les deux mois prescrits , sont nulles , s'il y a des oppositions formées dans ce temps ; en seroit-il de même s'il n'y avoit pas d'opposition subsistante lors de l'obtention des lettres ? Je le crois, parce que tout ce qui est fait avant le délai , est nul, & ne peut produire d'effet , suivant la maxime, *quod nullum est , nullum producit effectum.* Ainsi

les créanciers pourroient agir hypothécairement, comme s'il n'y avoit pas de
lettres.

A R T I C L E **IX.**

Pourra *pendant les deux mois,* (1)
tout créancier légitime (2) du vendeur se préfenter au greffe, pour y
faire recevoir une foumiffion d'augmenter le prix de ladite vente, *au*
moins d'un dixieme du prix princi-
pal (3), dans le cas de furencheres
par un autre créancier du vendeur,
d'un vingtieme en fus dudit prix
principal par chaque furenchérif-
feur, enfemble de reftituer à l'acquéreur *les frais & loyaux coûts* (4),
& du tout donner bonne & fuffifante
caution, (5) *qui feront reçues* (6)
pardevant le Lieutenant Général,
ou autres Officiers du Siege, fuivant
l'ordre du tableau, en la maniere
accoutumée ; *& fera loifible à l'ac-*
quéreur (7) de conferver l'objet vendu, en parfourniffant le plus haut
prix auquel il aura été porté.

I 2

(1) *Pendant les deux mois.* C'est-à-dire, pendant les soixante jours complets que le contrat doit rester exposé. *Voyez l'article précédent.*

Ce délai de deux mois est-il fatal ? Je pense qu'il faut distinguer, si d'abord après les deux mois expirés l'acquéreur a pris les lettres de ratification : nul doute qu'on ne seroit pas écouté à faire des encheres, puisque, suivant l'art. VII ci-dessus, l'acquéreur doit rester paisible propriétaire après les lettres de ratification obtenues.

Mais tandis qu'il est en demeure de ce faire, de même que les créanciers peuvent former des oppositions, de même ils peuvent faire des encheres ; je ne vois pas que l'un leur soit plutôt interdit que l'autre : d'ailleurs, celui qui a mis son contrat aux hypotheques, est libre de prendre ou ne pas prendre les lettres. Si après les deux mois on ne pouvoit faire des encheres, il tiendroit les créanciers en échec : parce que, tandis qu'il n'auroit pas obtenu les lettres, l'on ne pourroit le forcer à consigner, ni à procéder à la distribution du prix ; au lieu qu'en recevant les encheres, tandis qu'il n'a pas obtenu des lettres, on peut le forcer à retenir l'héritage ou à l'abandonner.

L'Auteur des obfervations fur ce même Edit, prétend que le délai de deux
mois eft fatal, fous prétexte que c'eft une
Loi exorbitante du droit commun, &
qu'il faut la reftreindre au temps y porté,
& non l'étendre.

Je ne faurois adopter fon avis, parce
que je ne vois rien d'exorbitant dans la
faculté d'enchérir, qui eft accordée au
créancier; en effet, les biens de leur
débiteur font leurs gâges : il n'arrive que
trop fouvent que pour faire perdre, l'on
fait des ventes à vil prix ; c'eft par ce
motif qu'on a toujours autorifé les créanciers à faire annuller ce qui avoit été fait
pour les frauder. Crainte qu'on n'ait
donné à vil prix l'héritage, on permet
aux créanciers de faire des encheres; cependant l'acquéreur a la liberté de le
retenir pour le prix auquel il a été mis ;
ainfi je ne vois rien là d'exorbitant &
de contraire au droit commun. Avant le
préfent Edit, fi l'on avoit convenu,
pour purger les hypotheques, de faire
un décret volontaire, on permettoit aux
créanciers oppofants, qui n'avoient pas
contracté avec l'acquéreur, de faire des
encheres fur le prix, & de fe rendre adjudicataires ; alors le décret devenoit
forcé : ce n'eft donc pas un droit nou-

veau que le préfent article introduit ;
puifqu'il avoit lieu pour les décrets volontaires qu'on a abrogés, pour y fubf-
tituer ce qui eft preferit par l'Edit.

Il y avoit même plus, car celui qui
agiffoit en déclaration d'hypotheque,
pouvoit, quoique créancier poftérieur,
obliger l'acquéreur ou à lui abandonner
le fonds, en lui rembourfant fes créances antérieures, ou à le payer; il pouvoit encore le faire vendre, fi on re-
fufoit de le payer, en fe foumettant à
les faire valoir à fi haut prix, que les
créanciers antérieurs fuffent payés; tout
cela étoit plus défagréable à l'acquéreur que les encheres qu'on autorife à préfent : obfervez au furplus que lorfque l'acquéreur ne met pas fon acte aux hypotheques, les créanciers peuvent ufer des mêmes voies qu'on le pratiquoit avant l'Edit
de 1771 ; c'eft-à dire, agir en déclaration
d'hypotheque, & faire tout ce qu'on étoit
en ufage de pratiquer à ce fujet.

(2) *Tout créancier légitime.* Il n'eft pas
néceffaire d'avoir formé oppofition aux
hypotheques, ni d'avoir un titre hypothécaire; il fuffit d'être créancier légitime
du vendeur, au temps de la vente, pour
être reçu à enchérir. Or, les créanciers

chirographaires font confidérés comme créanciers légitimes ; ils doivent donc être reçus à faire de pareilles offres no-nobſtant que la date de leurs créances ne ſoit pas aſſurée , parce que la fraude ne ſe préſume jamais ; & Furgole , *ſur l'art. 17 de l'Ordonnance de 1731* , dit que le donataire , chargé des dettes , eſt tenu de payer celles qui ſont ſous ſeing privé , pourvu qu'il ne paroiſſe pas de la fraude : les mêmes regles reçoivent ici une application pour pouvoir ſe quali-fier de créancier légitime , quoiqu'on n'ait qu'un billet.

Je penſe encore que , quand même le créancier n'auroit point de billet , il ſeroit également admis à enchérir , en prouvant qu'il étoit créancier légitime avant la vente ; mais pour ceux qui ne le ſont devenus que du depuis , ils ne peuvent avoir aucun droit.

L'Auteur du Répertoire de Juriſpru-dence , *pag. 83* , prétend qu'il n'y a que les créanciers hypothécaires ou privi-légiés qui ſoient reçus à enchérir , ſous prétexte qu'il n'y a qu'eux qui aient droit de ſuivre la choſe en quelques mains qu'elle paſſe.

Cette prétention eſt contraire à la diſ-poſition de l'article ci-deſſus , puiſque , sans aucune exception, il autorise tout créancier légitime à faire de pareilles encheres, & qui dit tout, n'excepte rien.

D'ailleurs, il n'est pas exact de dire qu'il n'y a que les créanciers hypothécaires qui ayent droit de suivre les biens immeubles; en effet, *la Loi 25, § 1. ff. quæ in fraud. cred.* accorde, tant aux créanciers chirographaires, qu'aux autres, une action nommée *paulienne*, pour faire révoquer tant les ventes que les donations faites au préjudice des créanciers, or, si le créancier chirographaire a cette action, pourquoi n'auroit-il pas celle d'enchérir, qui est accordée à tous créanciers légitimes, au temps de la vente?

(3) *Au moins d'un dixieme du prix principal.* Les créanciers peuvent faire différentes encheres, mais la premiere doit être d'un dixieme en sus du prix principal de la vente; si ce prix est de 2000 liv. liv. il faut que l'enchere soit de 200 livres en sus.

Après cette enchere, tous les créanciers peuvent en faire d'autres, pourvu que la moindre soit d'un vingtieme en sus du prix principal.

Lorsque la premiere enchere est couverte, rien n'empêche que ce même enchérisseur n'en fasse une seconde, pourvu qu'il la porte d'un vingtieme en sus.

Cette enchere ne se fait pas à l'audience, on la reçoit par procès verbal à l'hotel du premier officier du Bailliage ; si on la fait au dessous de ce que l'Edit porte, elle n'est pas admissible.

Le créancier, après avoir fait l'enchere permise par l'Edit, pourroit-il l'abandonner au préjudice de l'acquéreur ou des autres créanciers opposants ?

Si l'on compare ces encheres à celles qui se font en cas d'adjudication par saisie réelle, nul doute que l'enchérisseur ne soit tenu de l'exécuter, sans pouvoir s'en départir ; car en ce cas l'enchere contient un engagement, de la part de l'enchérisseur, d'acheter la chose pour le prix auxquel il l'a enchérie, & cet engagement dépend d'une condition qui est, si personne ne l'enchérit à plus haut prix, en cas de surenchere, son engagement cesse dès-lors ; ce qui a lieu, quand même l'enchere seroit faite par une personne insolvable, pourvu qu'elle ait été reçue en justice.

Dans l'hypothese que je traite, je crois au contraire qu'en pareil cas le créancier enchérisseur doit être libéré, pourvu qu'il fasse signifier le désistement

de son enchere avant qu'il y ait des lettres expédiées en sa faveur, quoique
cette enchere n'ait pas été couverte; &
les raisons qui me déterminent à le penser ainsi, sont 1°. qu'il y a une grande
différence entre les encheres qui se font
en cas de vente par saisies réelles, d'a-
vec celles dont je parle. Pour ce qui est
de la saisie réelle, toute personne est admise à enchérir, sans donner caution,
au lieu qu'en cas de vente il faut être
créancier pour que l'offre soit admise, &
encore il faut que l'offre soit d'un dixieme en sus : c'est donc pour l'intérêt des
créanciers que ces offres sont admises ;
or, s'ils ne veulent pas profiter de la faculté qui leur est accordée, l'acquéreur
ne peut se plaindre de ce qu'on lui laisse
la chose qu'il avoit acquise, quoiqu'on
l'eût enchérie.

2°. Les autres créanciers du vendeur
ne peuvent non plus être fondés à se
recrier de ce que l'enchérisseur a abandonné son enchere, puisqu'ils ont la liberté eux-mêmes d'enchérir ; d'ailleurs
l'acquéreur peut faire tomber l'enchere,
s'il veut, en acquittant la créance de
l'enchérisseur ; car du moment qu'il cesse
d'être créancier, il cesse aussi d'avoir
droit d'enchérir ; s'il l'a fait, tout cela

doit être confidéré comme non avenu.

Pour la validité de l'enchere , il faut encore que la créance fubfifte , & qu'elle ne foit point perfcrite ; nul doute que fi elle étoit éteinte par la prefcription, l'offre qu'auroit fait un pareil créancier , ne fauroit être admife.

En feroit-il de même s'il étoit queftion d'une compenfation , & qu'on prétendit que la créance a été par là éteinte ? Non , parce que la créance fubfifte , tandis que la compenfation n'eft pas demandée.

Lorfque c'eft une donation ou échange qu'on a mis aux hypotheques , n'y ayant pas de prix, les oppofants ne peuvent demander , ni rapport , ni confignation ; mais feulement d'être autorifés à fe mettre en poffeffion , comme créanciers , du fonds donné en échange , ou de le faire vendre en la forme de droit.

Que doit-on dire fi on a expofé aux hypotheques une adjudication rendue à la barre de la Cour ? doit-on admettre les créanciers oppofants , lors de l'adjudication , à enchérir aux hypothques ? Avant l'Edit de 1771 , quand un créancier avoit formé oppofition , & qu'il avoit laiffé rendre l'adjudication ,

quoiqu'elle ne purgeât pas les hypotheques, il ne pouvoit plus inquiéter
l'adjudicataire, à cause qu'il avoit préféré le prix à la propriété ; mais du
moment que l'Edit, sans aucune exception, autorise tout créancier à enchérir
sur un acte qui est mis aux hypotheques, je ne vois pas qu'on puisse con-
tester ce droit à aucun de ceux qui sont
créanciers, & dont la dette est anté-
rieure à la vente ; car où la loi ne distingue pas, nous devons pas non plus
distingner ; *ubi lex non distinguit, nec nos
dist nguere debemus.*

(4) *Les f ais & loyaux coûts.* Le créancier qui fait une enchere, si l'héritage
lui est abandonné, il doit rendre à l'acquéreur les frais & loyaux coûts du contrat, parce qu'étant subrogé à sa place,
& la vente cédant à son profit, il est
juste qu'il rembourse ce qu'il auroit été
obligé de payer lui-même s'il l'avoit
acquitté ; car il s'opere en sa faveur une
subrogation presque égale à celle qui a
lieu en fait de retrait.

Le créancier qui enchérit le fonds,
n'est obligé de rembourser à l'acquéreur
que les frais & loyaux coûts ; le présent
article y est précis pour ce qui est

du prix principal qu'il peut avoir
payé, ou s'être retenu comme créancier ; celui qui enchérit & qui se fait subroger à la vente, ne doit rien rembourser ; car ce prix n'est considéré, à l'é-
gard des créanciers, que comme simple
créance ; l'acquéreur ne peut donc prétendre aucun remboursement, mais de
venir à son rang & ordre : il doit donc
former opposition aux hypotheques,
afin de se faire allouer pour les sommes
dont il est créancier.

On met au rang du prix principal,
non seulement la somme qui est donnée
ou convenue comme prix ; mais encore
ce qui a été donné ou promis sous les
noms de pots de vin, épingles, ou sous
quelqu'autre dénomination que ce soit,
parce qu'on le regarde comme faisant
partie du prix.

Quelles sont donc les sommes que
l'enchérisseur doit rendre à l'acquéreur,
comme frais & loyaux coûts ? En fait
de retrait, l'on oblige celui qui l'exerce
de rembourser, comme frais & loyaux
coûts, tant ce que l'acquéreur a donné
à la femme, aux enfants ou domestiques du vendeur, ou autres personnes,
sous quelque dénomination que ce soit ;
mais comme cela n'est pas regardé comme

loyaux coûts , ainſi que je viens de l'obſerver , l'enchériſſeur eſt traité plus favorablement que le retrayant ; il n'eſt pas tenu à ce rembourſement ; il ne doit rendre à l'acquéreur que les frais du contrôle , centieme denier , dépenſe de bouche : lorſque pour conclure le marché , l'acquéreur a donné un repas au vendeur & aux entremetteurs du marché , la dépenſe de ce repas ne fait pas partie du prix , mais des loyaux coûts. Il doit auſſi rendre ce qu'il en a coûté pour mettre le contrat aux hypotheques , & ſi l'acquéreur a eu des procès à ſoutenir avec le vendeur pour l'obliger à exécuter le contrat , les frais doivent auſſi lui être rembourſés comme loyaux coûts.

Loſque c'eſt une vente faite à la barre de la Cour , les frais de juſtice doivent être rembourſés comme loyaux coûts.

Les lods & ventes , payés ou qui ſont dus au Seigneur à raiſon de la vente , doivent être rembourſés comme loyaux coûts ; c'eſt ainſi qu'on le pratique pour les retraits ; ce qui doit avoir lieu quand même le Seigneur en auroit fait don du tout ou de partie , parce tout acquéreur eſt ſujet au paiement des lods : cela fait donc partie des frais & loyaux coûts.

Voyez Papon, liv. 11, tit. 9. Maynard, liv. 7, chap. 32, Tiraqueau, des retraits lignagers, §. 29, glof. 4 n°. 7.

Le Seigneur peut-il prétendre dans ce cas un nouveau droit de lods ? Non, parce que celui qui met une acquifition aux hypotheques, n'eſt pas le maître d'empêcher les encheres, puiſque l'Edit les autoriſe ; & lorſque les héritages ſont portés au-delà de la ſomme pour laquelle on avoit cru les acquérir, on n'eſt pas obligé d'y mettre le prix de l'enchere, mais l'on eſt forcé de les abandonner ; & comme cela ne fait que le même contrat, il s'enſuit qu'il n'eſt dû de lods que pour l'adjudication qui eſt faite à celui qui a enchéri ; mais il n'en eſt pas dû du premier contrat de vente, par la raiſon que l'acquéreur ne pouvant conſerver l'héritage pour le prix porté par ſon contrat, la vente qui lui en a été faite, eſt un acte qui n'a pas eu d'effet ni d'exécution, ainſi elle ne doit pas donner lieu aux droits de lods, malgré que l'héritage ait été baillé à l'acquéreur, dès qu'il eſt évincé par les encheres des créanciers ſurvenus aux hypotheques ; il en eſt comme ſi l'acquéreur n'avoit jamais été en poſſeſſion. *Voyez l'art. 79 de la Coutume de*

Paris, & *l'article* 115 *de celle d'Orléans.*
Néanmoins Auroux, *sur l'art.* 402 *de la*
Coutume de Bourbonnois, paroît d'avis
contraire.

Lorsque l'acquéreur couvre les encheres & qu'il demeure propriétaire, il
ne doit non plus qu'un lods, parce que
le contrat avec l'adjudication ne font
que le même titre & n'opérent qu'une
feule mutation ; car l'on ne peut être
propriétaires à deux différents titres ;
ut nec ex pluribus caufis idem nobis deberi
poteft ; ita ex pluribus caufis idem noftrum
effe nequit. L. 15, *ff. de regul. Jur.*

Cependant le Seigneur peut fe faire
payer les lods fur le pied de l'enchere,
& il n'eft pas obligé de fe contenter du
prix de la vente. *Voyez l'art.* 48 *de la*
Coutume de Paris, & *l'art.* 116 *de celle*
d'Orléans.

Si le Seigneur a affermé les lods à
différentes perfonnes fucceffivement, &
que les contrats de vente aient été paffés
durant le premier bail, & l'adjudication
fur les encheres en faveur de l'acquéreur
ou d'un étranger, faite durant le fecond
bail, à qui des deux fermiers doivent
apppartenir les droits de lods ?

Pothier, *en fon Traité des Fiefs*, *page*
419 *du tome premier*, prétend qu'en cas

de

de décret volontaire, devenu forcé, au moyen des encheres qui ont été faites, que c'eſt au fermier du temps de l'adjudication, & non de la vente, que les lods doivent appartenir.

Je ne penſe pas que cela fût admis dans le cas des encheres dont je parle : on peut expoſer aux hypotheques toutes ſortes de ventes, quoiqu'elles aient été exécutées pendant plus de dix ans ; ſi l'on admettoit ce que Pothier dit, on pourroit par colluſion faire rembourſer un droit de lods à un fermier dix ans ou vingt ans après avoir été perçu ; il ſuffiroit de mettre le contrat aux hypotheques & d'y faire faire une enchere ; il me paroît qu'il eſt plus équitable d'en uſer comme on le pratique en cas de ſupplément du prix d'une vente ; c'eſt-à-dire, de donner les lods du prix du contrat au fermier qui étoit lors de la vente, & les lods de l'augmentation au fermier qui y eſt lors de l'adjudication. *Voyez ſur cela Auroux, ſur l'art. 402 de la Coutume de Bourbonnois.*

Si le Seigneur vouloit retraire par retrait féodal, ſeroit-il obligé de rembourſer cette augmentation de prix ? Cela ne peut être douteux, parce que l'Edit de 1771 autoriſe à faire des pareilles augmentations : or, en fait de retrait, l'on doit rembourser tout ce qui a été payé, du moment qu'on ne peut pas présumer que c'est par fraude ou par pur mouvement, & sans y être obligé, qu'on a fait cette augmentation. *Voyez Pothier, Traité des Retraits, n°. 287, Voyez aussi les questions sur les retraits, pag. 177* ; à la vérité ces Auteurs ne parlent que des retraits lignagers ou féodaux ; mais les mêmes regles doivent avoir application au cas présent.

Si l'acquéreur avoit fait des réparations depuis son acquisition jusqu'au jour que son acte seroit exposé aux hypotheques, les créanciers qui feroient des encheres, seroient-ils obligés de rembourser le montant de ces réparations ? Je pense qu'on doit en user dans ce cas comme on le pratique en fait de retrait ; c'est-à-dire, d'allouer les indispensables, & de ne pas passer les autres ; car celui qui est dans l'intention d'exposer son contrat aux hypotheques, ne doit rien changer à l'état des choses, ni faire des réparations si elles ne sont absolument nécessaires pour empêcher la ruine de l'héritage ou des bâtiments, jusqu'à ce qu'il ait exposé son contrat, puisqu'il est instruit que, s'il expose son acquifition , les créanciers peuvent faire les offres que l'Edit leur permet , & l'acquéreur eft obligé à le tenir ou à abandonner le fonds; il ne peut rendre ces encheres plus difficiles par des réparations , il doit donc attendre que fa vente foit purgée aux hypotheques.

Cependant fi l'acquéreur avoit attendu un an à faire des réparations , que fon intention n'eût pas été d'expofer fa vente aux hypotheques , & qu'il ne l'eût fait qu'à caufe qu'il auroit été inquiété ; dans ce cas , je penfe que non feulement les réparations néceffaires qu'il auroit faites , (comme s'il avoit réparé les bâtiments qui menaçoient une chûte prochaine , ou qu'il eût pratiqué des digues ou des foffés pour garantir le fonds des inondations & irruptions des eaux) devroient lui être rembourfées ; mais encore les autres réparations , non fur le pied de ce qu'elles auroient coûté , mais fuivant qu'elles feroient eftimées.

Au furplus , remarquez que celui qui fait faire des réparations qui ne lui font pas rembourfées , a droit d'emporter les matériaux , pourvu que cette démolition ne dégrade rien , & qu'il remette les chofes dans leur premier état ; celui qui auroit fait les offres ne pourroit empêcher la démolition, qu'en offrant de payer le montant des réparations.

Doit-on rendre à l'acquéreur les intérêts des loyaux coûts ? Il faut distinguer : s'il n'a rien pris, il est juste qu'il en soit payé ; mais s'il a reçu des fruits, l'on peut faire une compensation avec l'intérêt.

S'il y avoit une récolte pendante dans l'héritage, à qui devroit-elle appartenir ? Aux créanciers opposants, après avoir distrait les charges & le travail.

Si l'héritage a été dégradé, il ne peut être douteux que l'acquéreur doit rendre compte des dégradations, parce qu'il doit faire de deux choses l'une ; c'est-à-dire, tenir l'enchere ou rendre tout ce qu'il a pris ; s'il l'abandonne, ce n'est pas pour lui qu'il a acquis, mais pour celui qui est subrogé à son contrat.

(5) *Et du tout donner bonne & suffisante caution.* Elle doit être donnée, tant pour le principal de la vente que pour les loyaux coûts ; mais l'on pourroit se mettre à l'abri de donner caution, en consignant le prix de la vente & les loyaux coûts.

(6) *Qui sera reçue. Voyez le titre 28 de l'Ordonnance de 1667.*

(7) *Sera loisible à l'acquéreur*; il n'est pas parlé d'aucun délai, l'on n'est donc pas obligé d'en observer. Si l'acquéreur veut conserver l'héritage, il faut qu'il fasse de suite sa soumission, comme il offre de suppléer la somme à laquelle la chose vendue a été mise, ce qui suffit; car il n'est pas assujetti à donner caution, puisque l'Edit n'en parle pas à son égard.

S'il garde le silence & qu'on rende une sentence en faveur du dernier enchérisseur, qui condamne l'acquéreur à passer revente, pourra-t-il se pourvoir par appel, après avoir gardé le silence pendant quelque temps, & dire qu'il veut conserver l'héritage & tenir l'enchere? Je ne pense pas que l'appel fût admis, puisque le motif de l'Edit est la sûreté de l'acquéreur; d'ailleurs, en pareil cas, l'on doit considérer la vente comme une simple enchere qui ne subsiste plus du moment qu'elle est couverte : ainsi, si l'on laisse prononcer l'adjudication, celui qui s'est rendu adjudicataire, doit rester propriétaire incommutable, comme si l'enchere avoit été faite en vente sur saisie réelle; si l'appel étoit admis, cela pourroit faire un obstacle aux encheres.

Que doit-on dire si l'héritage venoit

à périr du temps qu'on fait les encheres ; la perte seroit-elle pour le compte du vendeur, ou de l'acquéreur, ou des enchérisseurs ? Je pense que c'est sur l'acquéreur ; car je dirai dans peu que les encheres qu'on fait, ne tournant pas au profit du vendeur, la perte ne peut donc le regarder.

Elle ne peut non plus concerner celui qui a fait l'enchere, puisque, lorsqu'on fait vendre un bien par saisie réelle, & qu'il y a des encheres, si ce bien vient à dépérir, ou à être détérioré considérablement par quelque cas fortuit avant l'adjudication, comme si c'est une maison que le feu du Ciel ait incendiée ou le vent abattue, la perte ne tombe point sur celui qui a fait l'enchere ; car il ne doit pas souffrir de la perte d'une chose qui n'est pas encore à lui, puisqu'il ne profiteroit pas des augmentations, s'il en survenoit. La propriété reste donc sur la tête de l'acquéreur jusqu'à ce qu'il ait déclaré qu'il abandonne son acquisition au dernier enchérisseur, ou qu'il en est dépossédé par sentence ; c'est donc sur lui que la perte doit tomber, faute de s'être expliqué assez tôt ; *voyez Ferrieres, Dict. du Droit, au mot Enchere.*

On demande à qui doit profiter l'augmentation du prix que les créanciers font ; est-ce au vendeur ou à l'acquéreur ?

On doit en user ici comme on le pratiquoit en cas de décret volontaire ; à quelque prix que se portât l'adjudication, l'acquéreur n'étoit jamais tenu de payer au vendeur une somme plus forte que celle qui étoit portée par le contrat de vente ; il avoit même un recours contre le vendeur, s'il payoit au delà. Les encheres qu'on permet aux créanciers de faire, sont afin de prévenir la fraude & la collusion que l'acquéreur & le vendeur pourroient pratiquer pour faire perdre les créanciers, en mettant les fonds au dessous de leur valeur. Si le vendeur s'est prêté à cette fraude, il ne doit pas en profiter ; c'est à lui à acquitter les créances pour lesquelles on a formé opposition aux hypotheques ; s'il néglige de le faire, il doit des dommages-intérêts au vendeur, qui doivent être fixés à la valeur du montant de ce que les créanciers ont surencheri ; & lorsque l'acquéreur a tenu les encheres, il est fondé à répéter contre le vendeur les sommes qu'il a acquittées au delà du prix de sa vente, & le vendeur n'a d'autre ressource que de se pourvoir par lésion dans les dix ans, au cas qu'il y ait lieu ;

& quoiqu'on n'admette pas la léſion en cas d'enchere pour un décret ſur ſaiſie réelle, elle étoit admiſe dans le cas du décret volontaire ; & comme l'Edit des hypotheques eſt une ſubrogation à ce décret, il ne peut être douteux que la léſion doive auſſi être admiſe.

Un arrêt du Parlement de Grenoble, du 11 janvier 1780, a jugé en conformité de ce que nous venons de dire, en voici l'eſpece : Antoine Viallet, du lieu de Monchambon, avoit acquis, le 14 juillet 1765, pluſieurs articles d'immeubles d'Antoine Pommier & de Magdelaine Gallien, mariés. Ces derniers prétendirent, deux ans après, qu'il y avoit léſion dans la vente paſſée à Viallet de plus d'outre moitié, ſur quoi il y eût arrêt qui ordonna la vérification aux formes ordinaires. La procédure fût commencée, & les Parties furent invitées par leur conſeil à finir à l'amiable, moyennant une ſomme que Viallet, acquéreur, donna, & l'abandon d'une maiſon & jardin ; en conſéquence les Parties firent un traité public le 29 mai 1778. Le 13 juin ſuivant Viallet expoſa ſon contrat de vente & le traité au tableau pour obtenir des lettres de ratification : pluſieurs créanciers des vendeurs y formerent oppoſition,

pofition, & firent des encheres qui ex-
cederent prefque le prix de la vente &
du fnpplément donné.

Viallet, acquéreur, offrit de parfournir. Il demanda & obtint fur requête,
moyennant ce, que les lettres de ratification lui feroient expédiées ; il paffa
en conféquence fes foumiffions au greffe.

Antoine Gallien, autre créancier, fit
poftérieurement une furenchere de 400
liv.

Cela donna lieu à une inftance, dans
laquelle Viallet demanda qu'au moyen
des offres qu'il faifoit de payer tout ce
qui étoit dû aux créanciers oppofants
aux lettres de ratification, même tous
les créanciers non oppofants, néanmoins antérieurs à la vente du 14 juillet,
& qui auroient une date certaine, fans
s'arrêter aux encheres & furencheres &
offres de parfournir, non plus qu'à l'oppofition d'Antoine Gallien, il feroit ordonné que les lettres de ratification fur
la vente & le traité lui feroient expédiées.

C'eft ce qui fut prononcé par fentence
du Vi-Bailli du Graifivodan, du 18 feptembre 1779. Les vendeurs formerent
oppofition à cette fentence comme tiers
non ouïs, affignerent Viallet, & de-

manderent qu'il ne fût expédié aucune lettre de ratification à Viallet, sinon à la charge de parfournir la somme de 6400 liv. à la forme de l'enchere d'Antoine Gallien.

Sur ces contestations, autre sentence du Vi-Bailli, qui déboute les vendeurs de leurs oppositions, & les condamne aux dépens, de laquelle ils déclarent appel pardevant la Cour.

Leur défenseur souteint que la sentence du Vi-Bailli étoit injuste & contraire à l'esprit de l'Edit de 1771, en ce que la loi avoit pour objet non seulement l'intérêt des créanciers & la sûreté des acquéreurs, mais encore l'intérêt des vendeurs, & que l'intention du Législateur étoit de procurer aux vendeurs un prix plus considérable, par le moyen du concours que ce même Edit établissoit; qu'il y avoit même en cela la plus grande justice, puisque l'acquéreur, en voulant acquérir une propriété à l'abri de toute atteinte, mettoit à découvert la fortune de celui qui lui avoit vendu; que conséquemment étant exposé à perdre par le fait de l'acquéreur, il étoit juste que ces encheres & surencheres cédassent à son profit; que sur le tout, Viallet ayant offert de parfournir dans une requête préfentée au Vi-Bailli, qui avoit été répondue d'un décret qui lui donne acte de fon offre, & ayant paffé des foumiffions au greffe en conféquence, il avoit contracté en jugement, duquel contrat il ne fauroit s'affranchir actuellement.

Le défenfeur de Viallet, acquéreur, a foutenu que la fentence du Vi-Bailli étoit jufte & fondée fur le texte & l'efprit de l'Edit de 1771, puifque fon objet, en permettant aux créanciers du vendeur de faire des encheres, n'a été que de prévenir la fraude & la collufion qui auroient pu exifter entre le vendeur & l'acquéreur, pour ne mettre à l'immeuble fujet à l'hypotheque des créanciers, qu'un prix au deffous de fa véritable valeur; que cet Edit n'avoit en vue que l'intérêt des créanciers & la sûreté des acquéreurs; que, pour s'en convaincre, il n'y avoit qu'à le lire, & en bien prendre le fens; que cette loi renfermoit plufieurs objets, 1°. celui de conferver un acquéreur dans la paifible & tranquille poffeffion du bien vendu.

2°. Celui de conferver aux créanciers du vendeur leur droit & hypotheque, en les dénonçant dans le temps prefcrit, ou d'être payés.

3°. Celui de donner à ces mêmes créanciers la faculté d'augmenter le prix, dans le cas auquel ce prix ne seroit pas suffisant pour satisfaire à toutes leurs créances, ou que par le dol & la collusion du vendeur & de l'acheteur, la chose vendue n'eût pas été portée à sa juste valeur pour constituer en perte les légitimes créanciers, & enfin celui de procurer au vendeur le paiement de la chose vendue.

Voilà quels sont les motifs de l'Edit, & c'est ce qui est exprimé dans son préambule, & même dans les articles.

Que l'Edit ne parle du vendeur que pour qu'il retire au plutôt le prix convenu ; que voilà toute la faveur que le Législateur lui accorde, & que l'on ne trouvera nulle part que l'Edit ait entendu, comme on le prétend, déroger & anéantir l'acte de vente ; que si cela étoit, ce seroit contre toutes sortes de regles & de principes : delà la conséquence que le vendeur n'a rien à réclamer, & ne peut être écouté à demander que les encheres, faites par ses créanciers, cédent à son profit, toutes les fois que les encheres, faites par ses créanciers, ont été arrêtées par le moyen des offres qu'a fait l'acquéreur de payer ces

mêmes créanciers. Qu'il est donc évident que le Législateur n'a pas entendu
donner atteinte aux ventes, lorsque les
acquéreurs voudroient se servir du bénéfice de l'Edit, qu'inutilement on op-
posoit que Viallet se trouvoit lié par les
offres qu'il avoit faites de parfournir,
parce qu'il étoit certain, en point de
droit & de jurisprudence, que les offres,
faites dans une instance, étoient susceptibles de révocation, toutes les fois
qu'elles n'avoient pas été acceptées, &
que le Juge n'avoit pas prononcé sur le
consentement donné par les deux Parties; que jusques-là tout étoit impar-
fait; celui qui l'a offert, a le droit &
la faculté de révoquer ses offres; & que
sur le tout, l'offre de parfournir n'étoit
faite qu'en faveur des créanciers & non
du vendeur; par tous ces motifs & autres qui feroient trop longs à détailler,
la Cour, à l'audience de la Grand'Cham-
bre, du mardi 11 janvier 1780 a confir-
mé la sentence, avec amende & dépens.

Quant à celui qui veut retirer des héritages ainsi enchéris, il ne peut être
douteux qu'il doit offrir, tant le prix de
la vente que ce que l'acquéreur a été
obligé de payer de plus aux créanciers
opposants, parce qu'on ne peut pas dire

que cela ait été fait par collusion & sans
nécessité ; car il est indispensable ou
d'abandonner le fonds ou de tenir l'enchere.

Si les biens vendus sont situés dans
différents Bailliages ou Sénéchaussées,
faudra-t-il faire des encheres dans tous
ces Bailliages, ou suffira-t-il de le faire
dans un seul ?

La raison de douter naît de la disposition de l'article XII, qui porte que, pour
les biens fonds & rentes foncieres, quand
il sont situés dans différents Bailliages,
les lettres doivent être scellées dans chacun desdits Bailliages où il y a des biens
situés ; d'après cela l'on peut dire que
s'il faut faire sceller les lettres dans tous
ces endroits, & y exposer les contrats,
ce qu'on peut faire dans un endroit, ne
peut rien produire pour l'autre.

Mais comme on ne doit pas ajouter
aux formalités, qu'au contraire on doit
simplifier, je pense que l'enchere faite
dans un endroit, doit suffire pour tous,
si elle embrasse l'un & l'autre objet.

On demande à quel Bailliage l'on doit
se pourvoir ; je pense que cela est indifférent : mais qu'on doit préférer celui
dont la majeure partie des héritages re-
leve, & s'il y a un domicile, qu'on doit

se pourvoir devant le Juge de ce domicile, par préférence aux autres.

Si la vente avoit été faite par le même acte pour des prix différents, il n'en seroit pas de même, parce qu'alors il y a autant de ventes que de prix distinctifs; il faudroit donc faire des encheres dans l'un & l'autre Bailliage.

Pourroit-on être admis à enchérir les biens d'un Bailliage sans mettre les autres à prix ? Cela ne peut souffrir de doute, parce que du moment que le prix est distingué, cela forme autant de contrats qu'il y a de prix différents, ainsi que l'observe Pothier, *Traité du Retrait lignager, pag.* 90 ; si l'on a assigné, dit-il, à chaque héritage un prix séparé, cela forme autant de contrats de vente, & l'on peut en retirer une partie sans retirer l'autre ; *c'est aussi l'avis de la Thaumassiere, sur le tit.* 10 *de la Coutume de Berry, pag.* 449, *& de Boutaric, Traité des Droits seigneuriaux ;* or, si l'on admet autant de vente pour le retrait, on doit également les admettre pour les encheres dont nous parlons.

Inutilement l'on diroit que la distinction du prix n'a été faite que pour régler les droits qui sont à payer dans chaque Bailliage ; car cela ne se présume pas, il faut que cela soit dit expressément.

En admettant un créancier à retirer ce qui seroit dans le ressort d'un Bailliage, il ne feroit pas obligé à faire des offres d'un dixieme en sus du prix total, mais seulement pour la valeur des héritages situés dans le Bailliage où il a fait les offres.

ARTICLE X.

Seront les lettres de ratification expédiées & signées par les Officiers, créés par notre présent Edit, dans les Chancelleries près nos Bailliages & Sénéchaussées, & scellées dans lesdites Chancelleries ; savoir, à l'égard des *immeubles réels & rentes foncieres*(1), en la Chancellerie près les Bailliages & Sénéchaussées dans le ressort desquelles ils se trouvent situés ; & quant aux *immeubles fictifs* (2), dans celles desdits Bailliages & Sénéchaussées dans le ressort desquelles *les vendeurs font domiciliés*. (3)

(1) *Immeubles réels & rentes foncieres.*
Voyez ce que j'en ai dit , note 1 , art. VI.

(2) *Immeubles fictifs ;* on ne doit entendre ici que les rentes conſtituées dans le pays où elles ſont immeubles ; pour ce qui eſt du ſurplus , qu'on regarde dans une maiſon comme immeuble fictif, dont j'ai parlé ſur l'article VI , cela fait partie du bâtiment , & ne ſuit pas le domicile.

(3) *Les vendeurs ſont domiciliés ;* on entend par domicile le lieu où l'on fait ſa demeure ordinaire , & où l'on a fixé ſon établiſſement & placé le ſiege de ſa fortune. *Locus in quo quis ſedem poſuit , laremque & ſummam rerum ſuarum , l. b. 7 , cod. de incolis.*
Pour conſtituer un véritable domicile , il faut que deux circonſtances concourent , la demeure de fait ou habitation réelle , & la volonté de ſe fixer dans le lieu qu'on habite : on connoît cette volonté par les circonſtances; par exemple , ſi l'on contribue aux charges dans un endroit , qu'on y ait ſa femme & ſes enfants , & qu'on y prenne un emploi qui demande réſidence , qu'on y ait ſes habitudes , ſes titres & papiers , la plus

grande partie des meubles , en un mot , le siege de sa fortune , & encore tou- tes ces circonstances ne forment que des présomptions de la volonté aux- quelles on ne s'arrête point , lorsqu'il y a des preuves d'un dessein contraire.

La volonté seule ne suffit pas pour ac- quérir en quelque part un domicile , mais elle suffit pour le conserver ; elle ne suffit pas non plus pour le changer , il faut que le fait y soit joint , & que l'on change réellement de demeure.

Malgré que la demeure de fait doive concourir avec la volonté pour consti- tuer le domicile , il est plus de droit que de fait , *magis animi quam facti* ; c'est pourquoi ceux qui ne sont plus maîtres de leur volonté , ne peuvent point se choisir de domicile ; le fils qui est sous la puissance paternelle , n'a que le do- micile du pere ; la femme , en puissan- ce de mari , le domicile de celui-ci , excepté qu'elle soit séparée de corps & de biens.

Une femme qui se marie avec un hom- me qui a son domicile dans un Bailliage ou Sénéchaussée , différent du domi- cile de sa femme , si cette derniere va rester au domicile de son mari , son chan- gement de domicile s'opere de droit dès cet inftant : lorfqu'elle a la propriété d'un immeuble fictif qu'elle a vendu par fon contrat de mariage, à quel Bailliage ou Sénéchauffée doit-on prendre les lettres & former les oppofitions?

Il me paroît que fi la vente eft faite dans le contrat de mariage, c'eft dans la Sénéchauffée ou Bailliage où la fille avoit fon domicile ; mais comme elle a changé dès l'inftant du mariage, fi la vente eft faite après, c'eft au Bureau du domicile du mari qu'on doit s'adreffer, & les créanciers de la femme doivent renouveller là leur oppofition.

Les mineurs, quoiqu'ils puiffent changer de demeure de fait, ils confervent néanmoins le domicile de droit qu'ils avoient lors du décès de leurs pere & mere ; le tuteur ni les parents ne peuvent pas leur conftituer un autre domicile, parce qu'il n'eft pas permis de changer l'ordre de leur fucceffion mobiliaire qui fe regle par le domicile ; fi l'on fait vendre fur eux un immeuble fictif, ou s'ils en font l'aliénation, après avoir obfervé les formalités prefcrites pour faire purger les hypotheques, il faut fe pourvoir, non au Bureau des hypotheques du domicile du tuteur, mais devant celui du mineur, comme n'ayant pu changer le domicile.

Il y a cependant un cas où le mineur peut changer avec effet de domicile : par exemple, s'il se marie, on n'a pas d'égard ensuite au domicile qu'il avoit pendant la minorité.

Le domicile du Roi & de la Famille royale est censé être en la ville de Paris.

Il en est de même de celui des Princes du Sang, Ducs & Pairs, Maréchaux de France, & autres grands Officiers de la Couronne, & du Capitaine de garde, servants près la Personne du Roi.

Les Officiers de la Maison du Roi, des Maisons de la Reine, des Enfants de France & des Princes du Sang qui sont employés toute l'année, sont aussi censés domiciliés à Paris.

Quant à ceux qui servent par semestre, ou par quartier, ou seulement dans certaines saisons, sont domiciliés dans le lieu où ils font leur résidence ordinaire.

Il y a certaines personnes qui n'acquierent pas de nouveau domicile, quoiqu'elles séjournent pendant long-temps hors du lieu de leur ancienne demeure ;

par exemple, les Ambaſſadeurs, les Intendants des Provinces, les Priſonniers de guerre, les Exilés par lettres de cachet, & les Employés dans les Fermes du Roi, ſi ces perſonnes vendent des immeubles fictifs, l'on doit ſe pourvoir au Bureau du Siege de leur ancienne demeure, & non où ils reſtent pendant le temps de leur emploi.

Lorſqu'on fait faire un décret à la barre de la Cour, ſur une perſonne abſente par faillite, voyages de long cours, ou condamnée au banniſſement ou aux galeres à temps, c'eſt au Bureau de leur dernier domicile qu'on doit ſe pourvoir, pour faire purger les hypotheques.

Ceux qui ont un domicile de dignité, comme les Evêques & Officiers de juſtice, ſont conſidérés comme domiciliés du lieu où ils ont leur Siege. S'ils aliénent des immeubles fictifs, l'on doit prendre des lettres de ratification au Bureau d'où dépend leur domicile de dignité, quand même ils reſteroient de fait ailleurs.

Que doit-on dire de ceux qui ont des maiſons garnies en deux endroits qu'ils habitent tour-à-tour? On doit alors ſe pourvoir devant la conſervation du lieu où ils ſe ſont déclarés domiciliés.

Les domestiques n'ont d'autre domicile que celui de leurs maîtres pour tout ce qui les regarde ; mais il faut qu'ils ne soient ni sous la puissance de personne, ni mariés : en cas de mariage, leur domicile est présumé être dans le lieu où reste leur famille ; & lorsque le domestique a son pere, s'il n'est pas émancipé, son domicile est au lieu où demeure son pere.

Les matelots & patrons des barques, n'ont d'autre domicile que la barque ou vaisseau qu'ils montent, à moins qu'ils n'aient quelque part une maison en propriété, ou à louage, où ils aient coutume de s'arrêter, & de séjourner dans les intervales de leurs courses.

Article XI.

Dans ce dernier cas, pour mettre les acquéreurs en état de connoître s'il y a des oppositions sur les immeubles fictifs qu'ils acquierent, les vendeurs *seront tenus de justifier* (1) de leur domicile *pendant les trois dernieres années* (2) qui auront précédé la vente, *& de faire certifier ce domicile* (3), soit par le contrat de vente, soit par un acte séparé, passé pardevant Notaires, & *signé de deux témoins connus & domiciliés.* (4)

(1) *Seront tenus de justifier ;* cette justification se fait par des attestations des voisins, comme tel a démeuré pendant trois années dans tel lieu & sur tel e Jurisdiction.

On peut mettre dans le contrat de vente cette attestation, ou stipuler que le vendeur sera tenu de faire attester en bonne forme son domicile pendant les trois dernieres années.

Si l'acquéreur a négligé de faire cette stipulation en passant le contrat, sera-t-il ensuite fondé à demander qu'on lui donne cette attestation ?

Je pense que oui, puisque, sans distinction, l'article ci-dessus y assujettit le vendeur.

(2) *Des trois dernieres années ;* il n'est pas nécessaire qu'on certifie que le domicile a été pendant trois ans dans tel lieu ; il suffit qu'on fasse attester que durant les trois dernieres années le vendeur a été domicilié à tel & tel lieu, quoique dans différents Bureaux d'hy-

potheques, cela est indifférent, parce qu'on peut s'instruire des oppositions qu'il peut y avoir, du moment qu'on sait où le vendeur a été domicilié.

Si deux mois après l'opposition, formée de la part d'un créancier, le débiteur change de domicile, & qu'il vende un immeuble fictif, trois ans moins deux mois, après avoir certifié qu'il y a trois ans qu'il demeure dans tel lieu, que la vente soit exposée aux hypotheques, & les lettres de ratification obtenues de suite, purgeroient-elles la créance de celui qui auroit ainsi formé opposition ? Non, parce qu'il suffit qu'elle ait été réguliérement formée, pour qu'elle doive subsister pendant les trois ans portés par l'Edit ; mais si elle est renouvellée ensuite, il faut que cela soit, non dans le Bailliage où l'on avoit formé l'ancienne opposition, mais au Bailliage d'où dépend le nouveau domicile.

(1) *Et faire certifier ce domicile ;* il ne suffit pas que le vendeur se qualifie de domicilié pendant trois ans dans tel lieu, il faut de plus qu'il le fasse attester par deux témoins. Je pense néanmoins que s'il rapportoit des actes qui établissent comme

comme, pendant trois ans, il a eu son domicile dans tel lieu, cela doit suffire.

Obfervez que fi les témoins qui atteftent qu'un tel a été domicilié pendant trois ans dans tel lieu, rendoient une fauffe atteftation, que l'acquéreur auroit des dommages-intérêts contr'eux.

Pour ce qui eft des débiteurs des rentes qui font un immeuble fictif, ils n'ont pas befoin de s'informer, pour faire le rembourfement du capital, s'il y a ou non des oppofitions aux hypotheques; parce que, quoiqu'il y en ait, cela n'empêche pas que le débiteur ne puiffe validement faire le rachat de la rente fans appeller les oppofants; une rente conftituée n'eft immeuble que par fiction, & du jour du rachat, la fiction ceffe, & l'on ne peut plus fuivre par hypotheque le capital de la rente; il faut donc que le créancier, pour conferver fon droit en fon entier, outre l'oppofition aux hypotheques, forme encore une autre oppofition entre les mains du débiteur de la rente, pour qu'il ne faffe le rachat fans l'appeller.

(4) *Deux témoins connus & domiciliés,* Il faut donc que ce foient ou des voifins du vendeur, ou du moins de fa Pro-

vince , & qu'ils aient un domicile connu ; toute autre justification seroit nulle.

A R T I C L E X I I.

Lorsque les contrats d'acquisition, les échanges , & autres actes translatifs de propriété , contiendront des immeubles réels , des rentes foncieres, situées dans l'étendue de *plusieurs Bailliages* (1) & Sénéchaussées , les lettres de ratification seront scellées dans les Chancelleries établies par notre présent Edit, dans lesdits Bailliages & Sénéchaussées ; faute de quoi , les acquéreurs seront sujets aux hypotheques des créanciers & des vendeurs , pour raison des immeubles réels qui se trouveront situés dans l'étendue des Bailliages & Sénéchaussées où les lettres de ratification n'auront pas été scellées ; & néanmoins , dans le cas de vente & autres actes translatifs de propriété de fief & de seigneurie , qui s'étendroit dans plusieurs

Bailliages & Sénéchauffées, les oppofitions faites entre les mains du Confervateur des hypotheques du Bailliage ou Sénéchauffée où fera fitué *le chef lieu* (2) defdites terres & feigneuries, vaudront comme fi elles étoient faites dans tous les Bailliages & Sénéchauffées où refortiroient les dépendances defdites terres, & les lettres de ratification obtenues en icelui feulement, purgeront les hypotheques des créanciers du vendeur.

(1) *Plufieurs Bailliages* ; il auroit été plus fimple d'ordonner qu'en pareil cas, l'on en uferoit comme pour les cens ; c'eft-à-dire, que les oppofitions feroient formées, & les lettres obtenues dans le Bailliage d'où dépend le domicile du vendeur ; car en ordonnant qu'on fera fceller les lettres dans chaque Bailliage ou Sénéchauffée où il y a des fonds fitués, c'eft conftituer les créanciers & l'acquéreur dans des frais plus confidérables. Je connois des pieces de terre de très-petite contenue, qui dépendent de trois bailliages royaux ; pour conferver son droit sur un pareil fonds, ou le faire purger en son entier des hypotheques, il en coûte beaucoup plus.

Il n'est pas dit qu'on prendra des lettres dans chaque Bailliage, mais seulement qu'on les y fera sceller ; d'où l'on peut conclure qu'il suffit d'obtenir des lettres dans un Bailliage, & qu'en les faisant sceller dans les autres Bailliages, cela doit suffire ; mais elles ne peuvent être scellées, qu'après que le contrat a resté exposé deux mois dans chaque Bailliage ou Sénéchaussée; car quand même il auroit obtenu des lettres dans un Bailliage où le contrat auroit resté exposé pendant deux mois sans opposition, que dans le Bailliage où l'on présenteroit les lettres il n'y auroit pas d'opposition subsistante, il faudroit toujours y exposer le contrat, & qu'il y restât pendant deux mois, à peine de nullité des lettres ; parce que tel est créancier, qui attend, avant de former son opposition, qu'il y ait quelque vente d'exposée à tel Bailliage.

Pour ce qui est des encheres qui peuvent être faites en pareil cas, *voyez ce que j'en ai dit sur la fin de l'art.* IX.

L'Edit ne décide rien sur le cas où il y auroit différentes oppositions dans différents Bailliages, & qu'il faudroit procéder à un ordre entre différents créanciers opposants ; mais comme ce seroit contre les regles de l'équité que, pour les mêmes créances, entre les mêmes parties, l'on procédât à deux ou différents ordres, il me paroît que les créanciers doivent se pourvoir au Parlement, si les différents Bailliages où il y a eu des oppositions sont dans le ressort du même Parlement ; & au Conseil, au cas où les Bailliages soient du ressort de différents Parlements, pour faire attribuer à un Bailliage la connoissance des oppositions & procéder à l'ordre.

En procédant à l'ordre, s'il y a des créanciers opposants pour les biens situés dans le ressort d'un Bailliage, & non dans l'autre, on ne peut les allouer que sur les biens sur lesquels ils ont conservé leurs hypotheques ; ainsi, s'il s'éleve des discussions à ce sujet, & qu'on n'ait pas distingué les prix des ventes, le Juge pourra ordonner une ventilation, & faire deux distributions du prix.

(2) *Chef-lieu* ; est ordinairement le château & principal manoir de la seigneurie ; il y a beaucoup de fiefs où il n'y a point de château, alors on prend quelquefois un domaine pour le chef-lieu, quelquefois c'est seulement une vieille tour ; dans d'autres endroits, c'est une espece de terre, & quelquefois une pierre au milieu d'une place.

Quand il s'agit d'un fief qui a été démembré, ainsi que la justice, & qu'il se trouve dans différents Parlements, mais que cependant le chef-lieu est connu, aux termes de l'article ci-dessus, il faut se pourvoir au Bailliage d'où dépend le chef-lieu, quand même ce qui seroit démembré seroit du ressort d'un Parlement différent.

ARTICLE XIII.

Les lettres de ratification seront taxées suivant le tarif annexé à notre présent Edit.

ARTICLE XIV.

Le droit de deux deniers pour livre qui se paye pour l'enregistrement des décrets volontaires, continuera d'être perçu à notre profit, sur le prix de chacune acquisition,

fur laquelle il fera obtenu des lettres de ratification.

ARTICLE XV.

Les Créanciers, (1) & tous ceux
qui prétendront droit de privilege
& hypotheque, à quelque titre que
ce foit, fur les immeubles, tant
réels que fictifs de leurs débiteurs,
de quelque nature que foient les immeubles, & en quelque lieu & coutume qu'ils *foient fitués*, (2) feront
tenus, à compter du jour de l'enregiftrement du préfent Edit, de
former leur oppofition entre les
mains des Confervateurs créés par
l'article II, à l'effet, par les créanciers, de conferver leurs hypotheques & privileges, *lors des mutations* (3) de propriété des immeubles, & des lettres de ratification
qui feront prifes fur lefdites mutations par les nouveaux propriétaires.

(1) *Les Créanciers ; voyez ce que j'ai
dit fur l'art.* VII. Sans être créancier, l'on

peut même en certains cas former opposition ; comme si l'on a acquis un immeuble du même vendeur , pour conserver l'hypotheque de la garantie due à
raison de la vente.

Quoique le créanciet d'une rente soit
exactement payé , & que le débiteur ne
fasse que l'aliénation d'une petite portion de son bien , & en conserve assez
pour répondre du capital qu'il doit ; cela n'empêche pas qu'il n'ait droit de former opposition sur ce qui est vendu ,
pour conserver son hypotheque. *Voyez
la note 3 , art. VII.*

Si le vendeur étoit comptable envers
le Roi , les lettres de ratification ne sauroient rien opérer ; parce qu'on ne peut
pas se servir contre lui de la grace qu'il
accorde. *Voyez d'Héricourt , page 169.
Voyez aussi ce que j'en dis , note 1 , art.
XVII.*

(2) *Situés* , c'est-à-dire , du Royaume.

(3) *Lors des mutations* , ce n'est pas
la mutation qui fait perdre l'hyotheque,
il n'y a que le sceau des lettres de ratification ; tandis qu'il n'y a pas des lettres , l'on doit en user comme on le faisoit avant l'Edit , & jusqu'au sceau des
lettres,

lettres, l'on peut former oppofition, ainfi que je l'ai dit ailleurs.

A R T I C L E X V I.

Les oppofitions *dureront trois ans*, (1) pendant lequel temps feulement leur effet fubfiftera ; *pourront les créanciers les renouveller*, (2) même avant l'expiration dudit délai, pour la confervation de leurs privileges & hypotheques.

(1) *Dureront trois ans* ; ce délai eft fatal, foit que l'oppofant foit mineur ou majeur, libre d'agir, ou fous la puiffance d'autrui ; qu'il arrive ou non de décès, le temps court également. Et après les trois ans expirés, fi l'on n'a pas renouvellé l'oppofition, il faut la confidérer comme fi elle n'avoit jamais exifté.

Mais fi, pendant les trois ans, le débiteur a fait des ventes qu'on a fait fceller à la charge des oppofitions, l'hypotheque eft alors confervée pour trente ans.

Les oppofitions faites aux ventes par décret des immeubles, fi l'on a requis les intérêts, quoique la créance provienne d'un simple prêt, cela suffit pour les faire courir du jour de l'opposition. *Henris, tom. 1, liv. 4, chap. 6, quest. 46.*

En doit-il être de même pour une opposition formée pour conserver l'hypotheque ? Un arrêt du Parlemnt de Paris, du 23 mars 1707, a jugé que l'opposition au sceau d'un office & lettres de ratification de rente, ne faisoit pas courir les intérêts ; on doit en dire de même de celle dont nous parlons. *Voyez d'Héricourt, traité de la Vente des Immeubles, pag. 169, & le traité des Intérêts, pag. 159.* Si l'opposant veut faire courir les intérêts, il faut qu'il fasse assigner le débiteur & les requerir.

Cette opposition peut-elle empêcher la prescription de la créance sans autre demande ? Non, parce que, 1°. son effet n'est que de conserver les hypotheques en cas de vente ; d'ailleurs, après trois ans, elle est comme non avenue ; 2°. pour interrompre la prescription ; il faut une demande formée au domicile du débiteur & qu'elle soit revêtue des formalités prescrites par les ordonnances : toute autre demande n'opere rien ; or, une opposition n'introduit pas une instance contre le débiteur, elle ne peut pas avoir, quant à ce, plus d'effet qu'une faisie-arrêt, qui n'est pas regardée comme interruption de la prescription. J'ai même observé ailleurs que les oppositions n'ont aucun effet pour interrompre la prescription des hypotheques par la possession de dix ans, avec titre & bonne foi entre présents; il en est de même de la prescription de trente ou de quarante ans.

(2) *Pourront les créanciers les renouveller.* Si l'opposant a négligé de ce faire, & qu'on ait obtenu les lettres de ratification avant le renouvellement de l'opposition, elles font scellées purement & simplement comme s'il n'y en ayoit jamais eu; quand même le Conservateur mettroit à la charge de telle opposition, cela feroit égal, parce qu'il ne peut donner effet à une opposition qui ne subsiste plus; il est vrai que par son omission il annulle celles qui subsistent, mais c'est à cause qu'il en répond en son nom, & en punition de sa négligence.

Aux frais de qui font les coûts de ces oppositions ? On les fait supporter au débiteur lofqu'il vend des biens fonds pendant les trois ans; s'il ne fait pas de vente, c'est autant de perdu pour le créancier opposant ; tel est l'usage qu'on m'a assuré être pratiqué dans les Sieges.

Article XVII.

Toutes les personnes , de quelle qualité qu'elles soient (1) *même les mineurs* (2) *, les interdits , les absens* (3) *, les gens de main-morte* (4) *, les femmes en puissance de mari* (5) *, seront tenus de former oppositions dans la forme ci - dessus , sous peine de déchéange de leurs hypotheques* (6) *, sauf leur recours* (7) *, ainsi que de droit , contre les tuteurs & administrateurs qui auront négligé de former opposition.*

(1) *Toutes les personnes , de quelle qualité qu'elles soient.* Il faut cependant en excepter le Roi ; car les lettres de ratification ne peuvent rien opérer à son égard. *Voyez d'Héricourt , page 169.*

Doit-on conclure delà que , pour arrérage de la taille , l'on n'a pas besoin de former opposition.

Je ne le pense pas : au contraire , je crois que le défaut d'opposition doit éteindre l'hypotheque & privilege du collecteur, même dans les pays cadastré ; car quoique ce soit une imposition qui appartienne au Roi ; néanmoins c'est le collecteur qui est à sa place, qui paye pour le taillable, si ce dernier ne s'acquitte point. Il n'y a donc que lui qui ait droit de demander ; cependant, à son égard, la taille n'est que simple créance privilégiée ; pour conserver ce privilege & hypotheque, le collecteur est obligé de former opposition comme les autres créanciers ; s'il le néglige, il perd son privilege & hypotheque.

Il en doit être de même pour les autres droits dus au Roi, qui sont en afferme ou régie, comme pour centieme denier & autres droits de cette nature.

Les objets pour lesquels l'on n'est pas obligé de former opposition pour le Roi, sont ce qui est dû par les personnes qui ont eu le maniement des deniers royaux, comme Receveurs, collecteurs & autres ; les ventes des immeubles que ces personnes font, quoique mises aux hypotheques & qu'on ait obtenu des lettres de ratification sans opposition, ne peuvent purger l'hypotheque de ce qui est dû du reliquat de leur gestion.

En doit-il être de même des ventes

que font les cautions, qu'on oblige les perſonnes dont nous venons de parler, de donner ?

Il paroît qu'il y a même raiſon de décider que le défaut d'oppoſition ne peut préjudicier au Roi, cependant l'uſage eſt qu'on forme des oppoſitions aux hypotheques pour les ventes que les cautions peuvent faire.

Les cautions, pour la conſervation de leurs recours contre le principal obligé, doivent former oppoſition, & ſi elles négligent de le faire, elles perdent l'hypotheque du recours.

Inutilement l'on diroit que le Roi n'eſt pas obligé de former oppoſition ; qu'en payant le réliquat, l'on eſt ſubrogé à tous ſes droits, parce que, 1°. c'eſt un privilege qui ne peut ſe communiquer ; 2°. l'article que nous expliquons, porte ſans aucune exception, *toute perſonne*, ce qui comprend les cautions comme les autres.

(2) *Mineurs.* Avant le préſent Edit, l'on jugeoit, ainſi que le dit d'Héricourt, *Traité des Criées, page 158*, qu'en cas de ſaiſie réelle, l'Egliſe & les mineurs ne pouvoient être reſtitués contre le défaut d'oppoſition ; Mornac rapporte un arrêt du 7 mars 1558, par lequel l'on débouta un mineur des lettres de restitution qu'il avoit obtenu contre le défaut d'opposition, de la part de la mere du mineur qui étoit sa tutrice, au décret d'un bien qui lui étoit hypothéqué. On a jugé de même aux grands jours de Clermont contre un mineur dont le tuteur étoit insolvable, & contre lequel par conséquent le recours en garantie du mineur étoit absolument inutile. Un autre arrêt, du 26 février 1726, n'eut aucun égard à la réclamation d'un mineur qui ne s'étoit point opposé aux criées des biens de son pere, qui étoit son tuteur naturel, quoiqu'il n'eût pas d'autre tuteur pour le défendre; la raison qu'en donne d'Héricourt, c'est qu'il est de l'intérêt public que ceux qui ont acquis des biens sur la foi de la Justice, ne puissent être inquiétés, sous quelque prétexte que ce soit, ni que ceux qui ont touché, en conséquence d'un jugement, ce qui leur étoit dû, soient obligés, plusieurs années après, de rapporter ce qu'ils ont reçu. La loi qui déclare que toute hypotheque est purgée par les lettres de ratification, étant conçue en termes généraux & sans aucune exception, doit avoir lieu contre le pupille comme contre le mineur : c'eſt un malheur pour eux, quand ceux qui ſont chargés de leurs intérêts ſe trouvent inſolvables ; mais ils ne perdent pas moins leur hypothéque.

Que doit-on décider ſi les mineurs ou pupilles n'avoient point de tuteur ? Je penſe que cela ſeroit égal. *Voyez Pothier, traité de la Procédure civile, tome 2, page 231.*

Je ne penſe pas qu'on ſuive ce que l'Auteur des obſervations dit, que les pupilles ne doivent pas perdre leurs hypotheques, ſous prétexte qu'il eſt plus avantageux pour eux de conſerver l'action en entier, que de leur accorder un recours contre un tuteur ſouvent inſolvable : cela eſt vrai en général, mais comme cela eſt contraire à la diſpoſition de l'Edit, il n'y a pas d'apparence que cela ſoit ſuivi dans la pratique. Remarquez que dans le reſſort du Parlement de Paris, on ne diſtingue pas entre le pupille & le mineur, & la preſcription ne court, ni contre le pubere ni contre l'impubere ; on ſuit les mêmes regles pour les uns que pour les autres.

Obſervez que ce que nous venons de dire n'a lieu que pour les hypotheques ſur autre que ſur le tuteur, car ſi ce dernier vend lui-même ſes héritages, comme le mineur n'a alors perſonne qui veille à la conſervation de ſes droits, l'on juge que le défaut d'oppoſition ne préjudicie point au mineur, que ſon hypotheque n'eſt pas purgée par les lettres de ratification. *Voyez mes notes ſur l'art. XXXII.*

(3) *Les abſents.* Quand il eſt queſtion de la preſcription de dix ans; l'on regarde dans le reſſort du Parlement de Paris comme abſents ceux qui ne reſtent pas dans le même Bailliage. A Toulouſe, ceux qui ne ſont pas dans le Royaume, au cas dont nous parlons, les abſents n'ont aucune eſpece de privilege, quand même cela ſeroit pour le ſervice de l'Etat, comme Embaſſadeurs, Conſuls de la Nation, ou autres; le défaut d'oppoſition leur fait également perdre les hypotheques de leurs créances comme aux préſents.

(4) *Les gens de main morte.* C'eſt-à-dire, les Corps & Compagnies eccléſiaſtiques, les Corps de Villes, Bourgs, Villages, les Colleges, les Hôpitaux, & généralement toutes les Communautés, tant laïques, qu'eccléſiſtiques, tous ſans excep-

tion sont obligés de former opposition, à peine de perdre leurs hypotheques.

(5) *Femmes en puissance de mari.* Quand celui-ci néglige de pourvoir à la sûreté des biens dotaux de la femme & à la conservation de ses droits & actions, il est responsable de la perte que sa négligence peut occasionner à sa femme, ainsi il doit l'indemniser.

Il n'y a cependant que ce qui est dotal à la femme, qui soit à la charge du mari pour la conservation, & non ce qui lui est paraphernal ou extradotal.

Par le droit romain, la dot est ce que la femme, ou autre pour elle, apporte & baille à son mari, soit en argent comptant ou en effets mobiliers, soit en immeubles soit en droits & actions; de sorte que le mari jouit de tout cela, & en fait les fruits siens durant le mariage.

Quand la dot consiste en meubles & effets mobiliers, le mari en est censé propriétaire, & peut en disposer de la maniere qu'il juge à propos.

Si la dot consiste en droits & actions, le mari est tenu d'en faire les poursuites, & si par sa négligence, faute d'avoir formé opposition aux hypotheques, ou d'avoir fait les diligences en temps &

lieu, il les laisse perdre, quoiqu'il n'ait rien reçu, il est tenu à la restitution envers sa femme, de même que s'il en avoit été payé : *in rebus dotalibus virum præstare oportet tam dolum quàm culpam, quia causâ suâ dotem accepit, sed etiam diligentiam præstabit, quàm in suis rebus exhibet, in rebus. ff. de jure dotium.*

Quand les créances ne sont pas dotales à la femme, mais paraphernales, c'est-à elle à former opposition, si elle le néglige, elle ne peut prétendre aucun recours contre le mari.

Dans le pays de coutume, les effets & droits mobiliers de la femme qui lui appariennent, soit avant son mariage, soit après, par succession ou autrement, entrent en communauté, s'il n'y a convention ou stipulation contraire dans le contrat de mariage, & le mari en est le maître ; de sorte que la femme ne peut disposer d'aucune chose ; tout cela regarde le mari, qui est présumé avoir ses titres en sa possession ; s'il néglige de faire les poursuites nécessaires, & s'il laisse perdre les hypotheques, faute d'y avoir formé opposition, ou prescrire la créance, il est tenu d'en indemniser la femme ou ses héritiers, suivant la disposition de l'art. 93 de la Coutume de la Marche.

Ce que je viens de dire ne doit avoir lieu que pour les créances dues à la femme, & dont le mari doit faire le recouvrement ; si c'est le mari qui ait vendu, j'établirai, sur l'art. *X X X I I*, que la femme ne perd pas la restitution de sa dot, faute de former opposition.

(6) *Sous peine de déchéance de leurs hypotheques.* Cette peine ne s'étend point à tous les immeubles du débiteur principal, ce n'est que sur le fonds qui a été vendu, & qu'on a fait passer aux hypotheques, sans opposition de la part du créancier, ainsi qu'il résulte de l'art. xv ci-dessus : elle est conservée en son entier sur le surplus des biens, sans que les autres créanciers, soit antérieurs ou postérieurs, puissent se prévaloir de ce défaut d'opposition, contre celui qui a négligé ses droits ; parce que chacun est le maître de se départir de son hypotheque sur tel fonds, & de la conserver sur le surplus.

(7) *Sauf leur recours.* Il est dû, 1°. à la femme contre son mari, pour les sommes dotales qu'il laisse perdre faute de former opposition, mais non pour les paraphernales, ainsi que je viens de l'observer.

2°. Aux mineurs contre les tuteurs & adminiſtrateurs ; mais pour cela je penſe qu'il faut que le tuteur ou curateur ſoit réguliérement nommé ; celui qui agit ſans avoir de qualité (j'en excepte les pere & mere , parce que la loi leur attribue de droit la tutelle) je ne penſe pas qu'il ſoit tenu de ce défaut.

Que doit on dire ſi le pupile n'a ni pere ni mere , & qu'on ne lui ait point nommé de tuteur ?

Quelque favorable que ſoit ſa poſition , je penſe qu'il perd également ſes droits. *Voyez ce que j'ai dit ci-deſſus , note 1 , au mot Mineur.*

3°. Les titulaires d'un bénéfice répondent de ce qu'ils laiſſent preſcrire.

4°. Il en eſt de même des adminiſtrateurs des Hôpitaux , Syndics des Communautés & autres.

Obſervez que , pour qu'il y ait lieu à ce recours , il faut que la ſomme perdue fût dans le cas d'être allouée , ſi l'on avoit formé oppoſition ; car s'il étoit démontré que les ſommes antérieures avoient abſorbé le prix de la vente , l'on ne pourroit rien imputer à celui qui auroit négligé de former oppoſition , ainſi qu'il réſulte de la diſpoſition de l'art. XXVII de l'Edit de 1771 , qui ne déclare le conservateur garant de ces omissions, qu'autant que l'opposant auroit été alloué en rang utile. Les administrateurs & autres doivent jouir du même privilege.

A R T I C L E XVIII.

Les Syndics & les Directeurs des *créanciers unis* (1) pourront s'opposer, audit nom, & par cette opposition ils conserveront les droits de tous lesdits créanciers.

(1) *Créanciers unis.* Il faut que le contrat d'union soit passé, & qu'il y ait des Directeurs ou Syndics de nommés; car si l'union n'étoit pas faite, & qu'il plût à un particulier de se dire Syndic des créanciers, sans l'être réellement, l'opposition ne pourroit valoir que pour lui.

Les unions se font entre les créanciers d'un homme obéré de dettes, pour agir de concert, à l'effet de parvenir au recouvrement de ce qui leur est dû, & empêcher que les biens de leur débiteur ne se consomment en frais par la multiplicité & la contrariété des procédures.

Lorsqu'on forme une opposition au

nom des créanciers unis, il n'est pas nécessaire de faire mention des sommes qui
sont dues à chaque créancier; il suffit de
déclarer que les créanciers unis pour la
conservation de leurs droits, forment
opposition aux ventes qui pourront être
faites.

ARTICLE XIX.

Entre les créanciers opposants (1)
*les privilégiés seront les premiers
payés* (2) sur le prix desdites acquisitions : après les privilégiés acquit-
tés, *les hypothécaires seront colloqués suivant l'ordre* & le rang de
leurs hypotheques, & s'il reste des
deniers après l'entier paiement desdits créanciers privilégiés & hypothécaires, la distribution s'en fera
par *contribution* entre les créanciers
chirographaires (4) opposants, par
préférence aux créanciers privilégiés ou hypothéceires qui auroient
négligé de faire leur opposition.

(1) *Entre les créanciers opposants.* Il
suit que tout ce qui a été fait dans le

contrat de vente , entre le vendeur &
l'acquéreur, pour ce qui eſt des délégations ou atermoiement du prix , eſt regardé comme non avenu ; ſi l'acquéreur
a acquis pour ſe payer d'une dette , &
qu'il expoſe le contrat aux hypotheques,
il eſt obligé de former oppoſition comme
un autre créancier ; s'il ne le fait pas ,
il perd le droit de ſe faire allouer lors de
la diſtribution du prix , par la raiſon
que la loi oblige , ſans exception , tous
ceux qui ont des hypotheques , de former oppoſition aux lettres qui les purgent , à peine de les perdre ; lorſqu'il y
a d'autres créanciers oppoſants ; *voyez
ce que j'en ai dit*, n°. 2 , *art. premier.*

Si l'acquéreur s'eſt chargé de payer des
anciennes dettes du vendeur , quoique
les créanciers aient accepté les délégations , s'il n'y a pas d'oppoſition de formée de leur part , les lettres de ratification purgent une pareille créance , ou
du moins l'on n'a pas égard aux délégations , & le prix de la vente eſt diſtribué entre les créanciers oppoſants , quoique poſtérieurs en hypotheques , comme
s'il n'y avoit pas des délégations : elles
ſont regardées comme non avenues à
l'égard des créanciers oppoſants. *Voyez
la note 3 , art. VII.*

On

On n'a pas non plus égard aux délais que le vendeur peut avoir accordés pour le paiment du prix, quand même cela feroit fans intérêt ; en expofant par l'acquéreur fon contrat, il dépouille les créanciers de leurs hypotheques, & du droit qu'ils avoient fur le fonds ; or, cela ne peut fe faire qu'autant qu'il configne le prix ; car en prenant des lettres, il contracte l'obligation de rapporter l'entier prix, fans avoir égard aux termes, pour être diftribué, comme s'il étoit queftion d'une vente forcée. L'on en ufe avec lui, comme on fait vis-à-vis celui qui a fait des encheres pour la vente d'un bien faifi réellement, & quoiqu'il foit créancier de la majeure partie du prix, qu'il foit évident qu'il fera alloué en rang utile, on peut le contraindre à configner. C'eft ainfi qu'on le pratiquoit pour le décret volontaire, avant le préfent Edit, & les mêmes regles doivent continuer d'être obfervées.

Pour éviter la confignation, l'on a introduit de ftipuler dans le contrat de vente, que le prix ne fera payé qu'après que les oppofitions feront vuidées ; l'on difpenfe en ce cas l'acquéreur de la confignation, & le Receveur ne peut prétendre de confignation ; *voyez* l'arrêt du

24 décembre 1778 , dont je rapporte les dispositions à la fin des notes de l'art. XIX.

La dot ni le douaire non échus n'étant pas purgés , l'acquéreur ne pourroit-il pas se faire un moyen de ce que dans le contrat de vente il doit payer les anciens créanciers qui sont antérieurs à l'hypotheque de la dot & du douaire ; tandis qu'on l'oblige à consigner & distribuer le prix pour payer les créanciers qui sont après l'hypotheque de la dot & du douaire, pour lesquels l'on pourra l'inquiéter, non obstant ses lettres ? Je ne le pense pas : c'est à lui , avant d'obtenir les lettres , à faire mettre en regle les anciens créanciers , ou à rester dans le droit commun , c'est-à-dire , ne pas prendre des lettres & encourir les événements.

(2) *Les privilégiés seront les premiers payés.* Dans tous les temps on l'a ainsi pratiqué.

Le privilege est un droit que la qualité de la créance donne à certains d'être préférés aux autres créanciers , quoique antérieurs même en hypotheque ; entre les créanciers privilégiés , la préférence ne se regle point sur la date d'une obligation , mais sur le plus ou le moins de faveur de la créance.

1°. Les frais funéraires non excédants ce qu'on est en usage de payer, sont alloués, (lorsqu'il n'y a pas des meubles pour les payer) en premier rang sur les immeubles.

2°. Les arrérages des cens & surcens, & rentes foncieres seigneuriales sont ensuite alloués, tant pour le principal que pour les intérêts.

Le Parlement de Toulouse les alloue par préférence à la dot de la femme.

3°. Dans le pays d'Etat, la taille est allouée au même rang que la censive; mais dans celui d'Election, la taille n'a de privilege que sur les meubles & fruits.

4°. Les rentes foncieres sont ensuite allouées.

5°. Si l'on a vendu un domaine avec les fruits pendants, ceux qui ont fait des avances pour la culture & pour la semence, sont payés sur la valeur des fruits avant le propriétaire du fonds, parce que ce n'est que par leur travail que les fruits sont provenus. *Arrêt du 8 mars 1608, rapporté par Tronçon sur l'article 231 de la Coutume de Paris.* Si c'est une maison qu'on ait vendue, qui ait été réparée ou reconstruite depuis peu, les entrepreneurs & les ouvriers ont un privilege pour les constructions & réparations qu'ils ont faites ; mais il ne s'étend pas sur le fonds ; c'est-à-dire, qu'en vertu de leur privilege, ils ne peuvent emporter la valeur du fonds sur lequel le bâtiment est assis ; alors il faut faire ventiler le montant des réparations ; & ce qui reste dû de plus à l'entrepreneur ou ouvriers, ne peut être payé par privilege, mais par concurrence ; *Basnage, Traité des Hypotheques, chapitre* 14, *page* 290 *& suivantes. Denisart, au mot Privilege.*

Ceux qui ont prêté de l'argent pour réparer une maison, doivent être préférés pour l'augmentation du prix auquel les réparations ont donné lieu, aux créanciers hypothécaires, quoique antérieurs. *Voyez les notes sur l'article* VI.

Le 18 août 1766, est intervenu arrêt de réglement, concernant le privilege des architectes, entrepreneurs & ouvriers, ou ceux qui prêtent de l'argent pour payer les ouvriers, lequel porte » ce jour la Cour, toutes les Chambres » assemblées; en délibérant sur le compte » rendu par MM. les Commissaires, de » leur travail, au sujet du Réglement » concernant les privileges des ouvriers, » a arrêté & ordonné que les architectes, » entrepreneurs, maçons, & autres

» ouvriers, employés pour édifier, re-
» conſtruire ou réparer des bâtiments
» quelconques, ne pourront prétendre
» être payés par privilege & préférence
» à d'autres créanciers, du prix de leurs
» ouvrages, ſur celui des bâtiments
» qu'ils auront édifiés, reconſtruits ou
» réparés à l'avenir, à compter du jour
» de la publication du préſent arrêt,
» qu'autant que par un expert nommé
» d'office par le Juge ordinaire, à la
» requête du propriétaire, il aura été
» préalablement dreſſé procès-verbal,
» à l'effet de conſtater l'état des lieux,
» relativement aux ouvrages que le pro-
» priétaire déclarera avoir deſſein de
» faire, & que les ouvrages, après leur
» perfection, auront été reçus dans
» l'année par un expert pareillement
» nommé d'office par ledit Juge, à la
» requête, ſoit du propriétaire, ſoit
» des ouvriers, collectivement ou ſé-
» parément, en préſence les uns des
» autres, ou eux duement appellés par
» une ſimple ſommation, deſquels ou-
» vrages ladite réception ſera faite par
» ledit expert, par un ou pluſieurs pro-
» cès-verbaux, ſuivant l'exigence des
» cas ; lequel expert énoncera ſommai-
» rement les différentes natures d'ouvra-

» ges qui auront été faits, & déclarera
» s'ils ont été bien faits, & suivant les
» regles de l'art. Permet au Juge ordi-
» naire de nommer, suivant sa pru-
» dence, pour ledit procès-verbal de
» réception, le même expert qui aura
» fait la premiere visite : ordonne pa-
» reillement qu'à l'avenir ceux qui au-
» ront prêté des deniers pour payer ou
» rembourser les ouvriers des construc-
» tions, reconstructions & réparations
» par eux faites, ne pourront prétendre
» à être payés par privilege & préférence
» à d'autres créanciers, qu'autant que
» par lesdites constructions, reconstruc-
» tions & réparations, les formalités
» ci-dessus prescrites auront été obser-
» vées, que les actes d'emprunt auront
» été passés pardevant Notaires &
» avec minute, & feront mention
» que les sommes prêtées sont pour être
» employées auxdites constructions,
» reconstructions & réparations ou rem-
» boursement des ouvriers qui les auront
» faites, & que les quittances des paie-
» ments desdits ouvrages porteront dé-
» claration & subrogation au profit de
» ceux qui auront prêté leurs deniers,
» lesquelles quittances seront passées
» pardevant Notaires, & dont il y aura

» minute, fans qu'il foit néceffaire de
» devis & marché, ni autres formalités
» que celles ci-deffus preferites : ordonne
» en outre que le préfent arrêt fera im-
» primé, lu, publié & affiché par-tout
» où befoin fera, & copies collation-
» nées, envoyées aux Bailliages & Sé-
» néchauffées du reffort, pour y être
» lu, publié & enregiftré ; enjoint aux
» Subftituts du Procureur Général du
» Roi, d'y tenir la main, &c. Fait à
» Paris, en Parlement, toutes les
» Chambres affemblées, le 18 août
» 1766. »

Lorfque le vendeur d'une maifon fe
trouve en concurrence avec celui qui a
prêté pour la reconftruction, qui doit
être préféré ? Un arrêt du Parlement de
Paris, du 29 juillet 1689, a jugé qu'ils
devoient concourir, & qu'à cet effet
l'on feroit une ventilation par experts,
de la valeur du fol & des améliorations,
pour colloquer le vendeur & le créancier,
à proportion & fuivant le prix de la vente. *Voyez M. Leprêtre, cent. 4, chap. 4 ;
Gouget, Traité des Hypotheques, page*
637, 8.

Remarquez que l'ouvrier qui a amé-
lioré un héritage pour prétendre le privilege, doit former fa demande dans

l'année de la perfection de l'ouvrage, parce qu'après l'année la fin de non-recevoir est acquise, à moins qu'il n'y ait un marché ou obligation pardevant Notaires faite dans l'année ; un titre sous seing privé ne suffiroit pas pour conserver le privilege, quoique valide pour contraindre le débiteur à payer. *Voyez Pothier*, *Traité des Hypotheques*, qui observe qu'entre plusieurs créanciers, même privilégiés, dont les créances ont pour objet différentes especes de réparations faites pour la conservation d'un même héritage, le plus ancien d'entr'eux n'est point préféré aux autres, parce que les privileges s'estiment par la cause & non par le temps, *privilegia æstimantur non ex tempore sed ex causa.*

(3) *Les hypothécaires suivant leur ordre.* Il y a, ainsi que j'ai déja dit, des créanciers qui sont hypothécaires & privilégiés ; par exemple, celui qui a vendu son fonds & qui n'a pas été payé, est préféré sur le prix du même fonds aux autres créanciers, quoique antérieurs en hypotheques, & il est alloué comme créancier privilégié ; on ne doit donc pas alors regarder la date de l'hypotheque.

Après

Après les créances privilégiées , on alloue les anciennes obligations , pourvu qu'elles foient légitimement dues & non prefcrites.

De ce que nous venons de dire que les anciennes obligations paffent avant les poftérieures , il s'enfuit qu'une obligation faite avant midi , doit paffer avant celle qui n'eft datée que d'après midi.

Que doit-on dire , fi une obligation & une fentence portant hypotheques , étant l'une & l'autre du même jour , lorfqu'il eft dit dans l'obligation qu'elle a été faite avant midi , & que la fentence ne fait pas mention de l'heure qu'elle a été rendue ? Je penfe que ces créanciers doivent venir en concurrence , parce que les fentences fe rendent prefque toujours le matin.

Obfervez qu'une obligation où il feroit dit qu'elle a été paffée à huit heures du matin , ne doit pas avoir de privilege fur celle où il eft fimplement énoncé avant midi ; car dans le doute de favoir laquelle eft la premiere , on les fait venir toutes en concurrence, quand ce f roit le même Notaire qui auroit reçu l'une & l'autre obligation , & que l'une fe trouveroit infcrite fur le répertoire du Notaire plu-

tôt que l'autre ; parce que cette circonf-
tance ne forme qu'une légere préfomp-
tion , & non une preuve certaine que
l'obligation qui eft infcrite la premiere ,
ait été paffée avant celle qui n'eft infcrite qu'aprés , n'étant pas impoffible
que le Notaire , en les infcrivant l'une
& l'autre fur fon répertoire , ait commencé par celle qui avoit été paffée la
derniere , & dans l'incertitude , l'on
doit les faire paffer en concurrence.

Mais dans le pays où les Notaires tiennent des regiftres , & où les actes font
infcrits à mefure qu'ils font reçus , nul
doute qu'on ne doive accorder la préférence au premier infcrit fur le regiftre ,
quoique de la même date , parce qu'alors
il n'y a plus d'incertitude pour favoir
lequel a été confenti le premier : il en
doit être de même pour les fentences.

Les actes où l'heure n'eft point mar-
quée , font réputés faits après midi.
Voyez les Arrêtés de M. de Lamoignon , tit.
des Hypotheques , art. 11 , ce qui a lieu ,
quand même l'un des créanciers offriroit
la preuve par témoins comme fon obligation avoit été faite avant celle de fon
concurrent ; car fi la preuve ne paroît
pas des actes , l'on n'admet pas celle par
témoins , & alors ces deux créanciers
partagent ce qu'il y a pour eux.

La Jurifprudence du Parlement de Paris eft de n'allouer le créancier qui ne produit qu'une feconde expédition de l'acte qui donne hypotheque, que du jour que cette expédition a été tirée, afin de prévenir la fraude des débiteurs, qui, pour tromper les créanciers, faifoient, par collufion, paroître d'anciennes dettes, dont les créanciers avoient été payés, & déroboient la connoiffance du paiement, en repréfentant une feconde expédition à la place de la premiere, qui avoit été rendue au débiteur, & fur laquelle étoit mife la quittance du paiement. *Voyez Pothier, Traité des Hypotheques, page* 20, lequel obferve néanmoins que les créanciers du défunt qui ne produifent qu'une feconde expédition, quoique délivrée après fa mort, font préférés aux créanciers de l'héritier.

Suivant un acte de notoriété du Châtelet de Paris, du 13 juin 1721, rapporté par Denifart, on fait une différence pour ce qui eft du rapport de la groffe, entre les contrats & actes paffés devant Notaires, d'avec les jugements qui émanent de l'autorité des Juges. Quoiq'on ne rapporte qu'une feconde groffe d'un jugement, l'hypotheque ne varie point,

& l'on n'a nul égard au temps que la groſſe eſt délivrée ; de ſorte que c'eſt du jour que le jugement a hypotheque qu'on alloue la créance, quoiqu'on ne rapporte qu'une ſeconde ou autre expédition délivrée long temps après.

Deniſart, en ſes remarques ſur cet acte, obſerve que quand il s'agit d'un contrat de mariage, d'une donation ou d'un partage, l'on n'a pas non plus égard ſi c'eſt une ſeconde ou autres ſubſéquentes groſſes, & qu'on alloue la créance du jour que l'hypotheque a été acquiſe.

Pour ce qui eſt des obligations conſenties par un mineur, elles ont hypotheque du jour qu'elles ont été paſſées ; ſi le mineur les a ratifiées, ou qu'il ait laiſſé paſſer le temps de la réciſion ſans les attaquer ; *Arrêt du 23 juillet 1664.* Ainſi on doit les allouer, non du jour qu'elles ont été ratifiées, mais du jour qu'elles ont été faites.

A l'égard des intérêts, dans le reſſort du Parlement de Paris, ils ſont alloués au même rang que le capital, quoiqu'ils ne ſoient dûs qu'en conſéquence d'une condamnation prononcée par ſentence, pour une ſimple créance.

M. le Camus d'Houlouve, *en ſon Traité des Intérêts*, 241, dit qu'on fait une excep-

tion pour l'Auvergne, & qu'on n'y alloue les intérêts qu'après les capitaux;
c'eft une erreur, car dans cette Province, comme ailleurs, on y alloue les intérêts au même rang que le capital: je
l'ai toujours vu pratiquer ainfi.

Au Parlement de Touloufe, les intérêts ne font alloués qu'en dernier rang
& après toutes les fommes principales,
contre la difpofition du droit romain,
en la Loi *Lucius Titius*, *ff. qui potior in
pign. hab.* On en excepte cependant
de la regle qui ne fait allouer les intérêts qu'au dernier rang, ceux de certaines dettes privilégiées, comme font
les intérêts des dots qui font alloués au
même rang que les capitaux; les intérêts du précaire ou du prix des chofes
vendues, font auffi alloués au même
rang que le principal fur la vente fépa-
rée du fonds: les intérêts & dépens payés
par la caution, parce qu'ils font à fon
égard un fort principal.

Il en eft de même des intérêts des légitimes & des droits fucceffifs, parce
qu'ils tiennent lieu de fruits.

S'il y a plufieurs créanciers de fubro-
gés aux hypotheques d'une même créance, dont ils ont chacun, en différent
temps, acquitté une partie, ces créan-

ciers sont tous colloqués au même rang ; & l'on n'a aucun égard à la priorité de leur subrogation ; parce que ce n'est pas de leur chef qu'ils sont colloqués , mais comme subrogés aux droits de tel.

L'on en excepte cependant le cas où le créancier n'a subrogé à sa dette que pour une partie ; alors , quoique l'hypotheque provienne du même acte , le créancier est alloué avant ceux qui sont subrogés à une partie de la créance ; parce que celui qui subroge pour partie est censé se réserver une préférence pour ce qui lui est resté dû. *Voyez Renusson , Traité de la Subrogation ; Pothier , des Hypotheques , pag.* 211. Observez que cette préférence ne passe pas à un tiers qui est le dernier subrogé , lequel ne vient qu'en concurrence avec les autres subrogés.

Il arrive quelquefois que différents créanciers ont leurs hypotheques qui naissent du même acte ; par exemple , un contrat de mariage forme un hypotheque , en faveur de la femme , pour sa dot & pour son douaire , & en faveur des enfants des peres donateurs qui y sont dotés ; qui doit être préféré ? On donne hypotheque à la dot avant le douaire ; mais les enfants légitimaires doivent être

préférés pour leur légitime , quoique
réglée par le même acte , à leur belle-
sœur , à moins que l'hypothèque de cel-
le-ci ne remonte au-delà du jour du
mariage. *Voyez Soulages , des Hypothèques ; dans le répertoire de Jurisprudence ,
tome 35 , page 129 ,* il est néanmoins dit
que , lorsque le pere a reconnu la dot
de sa belle-fille , elle doit être allouée
avant les légitimes.

Quant aux autres conventions ma-
trimoniales , elles ne viennent qu'après
le douaire. *Voyez Pothier , Traité des Hypothèques.*

En procédant à un ordre d'hypotheque , il faut encore examiner , 1°. s'il
n'y pas prescription ; 2°. département ;
3°. novation.

En premier lieu , celui à qui il est dû
un contrat de rente ou autre créance
ayant hypotheque depuis plus de trente
ans , s'il s'est contenté d'une ratification sous seing privé , elle a bien l'effet d'interrompre la prescription vis-à-
vis du débiteur ; mais à l'égard des autres créanciers qui ont intérêt que la
créance soit prescrite , une pareille ratification n'est d'aucune utilité si elle
n'a une date assurée antérieurement à
l'accomplissement de la prescription ,

soit par le contrôle ou par le décès de quelqu'un de ceux qui l'ont souscrit ; d'où il suit qu'on ne doit pas allouer un tel créancier du jour de la date de son premier titre, puisqu'il a perdu l'hypotheque ; mais du jour que la ratification est reconnue en justice.

Que devroit-on décider si celui qui n'a qu'une ratification sous seing privé, a des preuves que la rente a été servie ? Si ces preuves sont suffisantes pour interrompre la prescription, il ne peut être douteux qu'elles le sont aussi pour conserver l'hypotheque. *Voyez Pothier, Traité des Obligations, nomb. 658.*

En pays de Droit écrit les hypotheques étant éteintes par la prescription de dix ans entre présents, ainsi que nous l'avons observé ailleurs, si un acquéreur expose aux hypotheques une vente après avoir joui, avec titre & bonne foi, dix ans, les oppositions que pourroient former des créanciers qui auroient laissé prescrire leurs hypotheques, ne pourroient rien opérer, parce qu'au moyen de la prescription de l'hypotheque, toute action est éteinte sur le prix que les autres créances peuvent obliger de rapporter, lorsqu'ils ont conservé leurs droits & hypotheques.

Il en seroit autrement si le créancier avoit agi dans les dix ans en déclaration d'hypotheque ; alors ayant interrompu la prescription de l'hypotheque, il aura conservé ses droits pour être alloués sur le prix de la chose qui seroit mise au tableau.

En second lieu, le créancier qui auroit fait remise de l'hypotheque, lors de la vente des fonds sur lesquels il l'avoit, il ne pourroit ensuite former utilement opposition aux lettres de ratification pour se faire allouer par préférence aux créanciers qui lui seroient postérieurs ; parce qu'en faisant remise de l'hypotheque, il se départ des droits sur le prix de la chose vendue ; en effet, si l'acquéreur ne mettroit point son contrat aux hypotheques, celui qui a fait le département ne pourroit l'inquiéter, & la sûreté que l'acquéreur a voulu chercher à l'égard des autres créanciers, en exposant son contrat, ne peut faire revivre le département qu'on avoit fait en sa faveur lors de la vente. Le consentement que les créanciers donnent à l'aliénation, ou même l'obligation de la chose hypothéquée, renferme une remise tacite de son droit d'hypotheque.

L'on regarde encore comme une remise tacite du droit d'hypotheque, de la part du créancier, s'il consent à l'aliénation de l'héritage qui lui est hypothéqué, & la raison en est, que le débiteur n'ayant pas besoin du consentement de son créancier pour aliéner ses héritages avec la charge des hypotheques, le consentement du créancier ne peut paroître requis pour autre fin que pour remettre son hypotheque. La ratification qu'un créancier fait d'une vente, est regardée comme une renonciation tacite à l'hypotheque, à moins qu'il ne proteste contre un Notaire qui reçoit un contrat de vente : s'il est créancier du vendeur, & qu'il ne fasse point réserve de son hypotheque, il est censé en faire remise; *Voyez Dolive*, *liv. 5*, *chap. 28. Graverol & la Roche*, *sur le mot Hypotheque*, *liv. 6*, *tit. 58*; ainsi son opposition aux hypotheques ne pourroit avoir aucun effet sur le prix d'une pareille vente, quoiqu'on obligeât l'acquéreur à le consigner.

Il n'en est pas de même d'un créancier qui a signé un contrat comme témoin, dans lequel il est fait mention que la chose vendue est libre de toute hypotheque, quoiqu'il n'ait pas protesté contre ; cela ne le prive pas de son hypotheque, à moins qu'il n'y ait de dol de sa part ; *voyez Charondas, en ses réponses, l.v. 7, chap. 217 ; Maynard, liv. 8, chap. 7.*

L'on en excepte aussi ce qui est fait en contrat de mariage, de la part des parents ; parce que, comme ils n'assistent à un pareil acte que pour l'agréer & pour l'autoriser par leur présence, ni leur signature, ni leur présence ne les prive pas des droits d'hypotheque qu'ils peuvent avoir sur les biens qui sont donnés aux contractants, à moins qu'il n'y ait de dol ; *voyez Pothier, Traité des Hypotheques, pag. 243,* parce que l'on distingue entre les personnes qui interviennent dans un acte comme partie, d'avec celles qui y viennent comme témoins ; les premieres étant intéressées dans l'acte, elles perdent les hypotheques qu'elles n'ont pas déclarées ; au lieu que les secondes ne faisant que l'office d'ami, pour assurer seulement la vérité de ce qui s'est passé entre les contractants, l'on ne peut rien induire de leur signature.

Non seulement un créancier peut se départir de son hypothéque, en intervenant dans le contrat d'aliénation, mais encore en permettant à son débi-

teur d'aliéner tels héritages ; cela a le
même effet que s'il sintervenoient dans
l'acte d'aliénation , pourvu que cela ait
été fait sous les mêmes conditions auxquelles le créancier a consenti à l'aliénation. Si , au lieu , par le débiteur ,
de vendre la chose hypothéquée , &
pour laquelle son créancier lui avoit
donné son consentement , il la donne
par donation entre-vifs , on doit en ce
cas décider que l'hypotheque n'est pas
éteinte , parce qu'il y a lieu de présumer que le créancier , en permettant la
vente de la chose hypothéquée , a eu
en vue que le débiteur en employeroit
le prix , ou à payer d'autres dettes , ou
à acquérir d'autres biens qui lui répon-
droient de sa dette , & qu'en permettant de vendre , il n'a pas entendu pro-
mettre de donner.

L'hypotheque est encore éteinte , lorsque le créancier a convenu avec le débiteur qu'au lieu de l'hypotheque qu'il
avoit sur ses biens , il lui donneroit une
caution pour sûreté de sa dette , & que
cela a été accepté par le créancier.

En troisieme lieu , s'il y a une novation à l'hypotheque , parce que la novation éteint le privilege & l'hypotheque.

Dans l'ancien droit romain on préfumoit facilement qu'on avoit voulu faire novation ; mais fuivant la nouvelle conftitution de Juftinien , *loi dern. cod. de novat.* la volonté de faire novation doit être expreffément déclarée , fans quoi il n'y en a pas.

Il n'y a que ceux qui peuvent valablement recevoir , qui puiffent faire novation ; ainfi un mineur , un interdit , une femme en puiffance de mari ne peuvent faire de novation, quoiqu'ils perdent leurs hypotheques, faute de former oppofition.

A l'égard de la délégation , elle fait une novation, enforte que fi la perfonne déléguée s'eft obligée valablement envers le créancier , le déléguant eft pleinement libéré envers fes créanciers , & l'on ne peut avoir aucun recours contre l'ancien créancier , à moins que cela n'ait été expreffément convenu avec réferve de l'hypotheque.

S'il n'y a qu'un créancier oppofant , que fa créance abforbe le prix de la vente , alors il n'a pas befoin de faire ordonner la confignation ; il peut demander que l'acquéreur foit tenu de lui payer le prix en diminution de fon dû.

S'il a différents titres de créance , dont certains antérieurs & les autres poftérieurs aux autres créances, que ce qui feroit payé ne soit pas suffisant pour remplir l'entier dû, de quelle maniere faudroit-il faire l'imputation du paiement ? sera-ce sur les créances antérieures ou sur les postérieures ?

De droit l'imputation se fait toujours sur les créances les plus anciennes, à moins que cela n'ait été autrement stipulé entre les parties intéressées ; mais comme en pareil cas il ne peut y avoir de stipulation, je pense, qu'il y ait ou non d'ordre de fait, qu'on doit toujours regarder un pareil paiement comme s'il avoit été fait en conséquence d'un ordre & qu'il s'impute sur les plus anciennes créances, quand même le créancier, en le recevant, auroit déclaré que c'est pour imputer sur la créance la moins onéreuse & la moins privilégiée, puisque l'article ci-dessus, ordonnant la distribution du prix suivant l'ordre des hypotheques, décide, du moins tacitement, qu'un pareil paiement doit être imputé sur les créances les plus anciennes ; *voyez le Répertoire universel, au mot Imputation*, où il est dit que quand le créancier se paye par lui-même du prix d'une chose qui lui étoit hypothéquée, & qu'il la fait vendre, on suit pour l'imputation les deux regles suivantes.

1°. L'imputation doit en pareil cas se faire sur la créance à laquelle la chose étoit hypothéquée, quand même l'intérêt du débiteur exigeroit que cette imputation se fît sur une autre créance.

2°. Quand la chose vendue est hypothéquée à plusieurs créanciers, l'imputation se fait sur la créance, dont le droit d'hypotheque est le plus considérable : ainsi, lorsqu'une des créances, a une hypotheque privilégiée, & que les autres n'ont qu'une hypotheque simple, l'imputation doit se faire en premier lieu sur la créance dont l'hypotheque est privilégiée, ensuite sur la créance dont l'hypotheque simple est la plus ancienne.

(4) *Chirographaires ;* l'on donne ici la préférence aux créanciers chirographaires opposants, aux hypothécaires non opposants : il y a cependant des cas où les créanciers chirographaires doivent être préférés aux hypothécaires ; par exemple, Pierre a consenti un billet à Jacques ; il décede sans l'avoir acquitté ; il laisse Jean pour son héritier, qui vend ensuite les biens provenus de son pere, en totalité ou en partie, après avoir contracté d'hypotheques :

on met les ventes qu'il a faites aux affiches, les créanciers y forment opposition, ceux qui sont créanciers chirographaires de Pierre peuvent demander,
quoique non créanciers hypothécaires,
que les patrimoines soient séparés, &
se faire par-là allouer sur les biens laiss-
sés par Pierre, par préférence aux
créanciers hypothécaires de Jean son héritier ; cette demande, quoique contraire à *la loi* 1, § 2 & 5, *ff. de separa-
tionibus*, est autorisée par les arrêts du
Parlement de Paris, même par ceux de
quelques autres Parlements ; tous les
Auteurs du ressort du Parlement de Paris,
qui ont écrit sur les hypotheques, at-
testent cet usage ; *voyez Brodeau sur Louet,
let. H, somm.* 19 ; *Gueret sur le Prêtre,
cent.* 1, *chap.* 76 ; *Domat, en ses Loix
civiles, tom.* 1, *liv.* 3 ; *des Héritiers, tit.*
2, *sect.* 9, *art.* 9 ; *Henris, liv.* 4, *chap.*
6, *quest.* 28 *du tom.* 2 ; *Basnage, en son
Traité des Hypotheques, chap.* 13, *pag.*
180 ; *Boniface, tom.* 2, *liv.* 4, *chap.* 7 ;
& s'il en étoit autrement, les créanciers
chirographaires du défunt seroient dé-
pouillés par les créanciers hypothécaires
des héritiers.

Lebrun, *des Successions, liv.* 4, *chap.*
2, *sect.* 1, *n°.* 16 *& suivants*, a traité la
question,

queſtion, & donné dans pluſieurs opinions ſingulieres, & entr'autres que les créanciers de l'héritier ne pouvoient demander la diviſion. Mais M. Eſpiard, en ſes notes ſur Lebrun, dit que ſon ſentiment n'eſt pas ſuivi, & que l'uſage de la ſéparation des biens, introduite en faveur des créanciers, eſt très-juſte.

Suivant *le §. 13 de la Loi 1, ff. de ſep.* la ſéparation des biens d'une ſucceſſion devoit être demandée dans les cinq ans, à compter du jour de l'addition de l'hérédité ; mais par notre Juriſprudence elle peut l'être pendant trente ans, à compter du jour de l'acceptation de l'hérédité, ainſi que le remarque Mornac, *ſur la Loi pénultieme, au cod. de Heredit. action.* lequel cite un arrêt du Parlement de Toulouſe, du 16 mars 1533, qui l'a ainſi jugé.

Il y a d'autres cas où l'on peut auſſi demander la ſéparation des biens ; 1°. ſi le débiteur principal a ſuccédé à la caution, les créanciers dans ce cas peuvent demander la ſéparation des biens de la caution d'avec ceux du principal débiteur ; *Loi 3, ff. de ſeparat.*

2°. Quand un créancier a ſuccédé en partie à ſon débiteur, ſi les cohéritiers ſe trouvent inſolvables pour acquitter

ce qu'ils doivent des dettes de la succession, il peut demander la séparation
des biens du défunt d'avec ceux des cohéritiers ; *Loi 7 , cod. de bon. autor judic.*
poffident. & demander que les créanciers
du défunt soient payés sur les biens du
défunt par préférence aux créanciers
du cohéritier.

Lorsque la séparation a été ordonnée , les créanciers du défunt sont
allouées , tant pour le principal que
pour les intérêts , quoique l'usage de
certains Parlements soit d'allouer les capitaux avant les intérêts.

Mais si les biens du défunt ne sont
pas suffisants pour acquiter ce qui est
dû , les créanciers ne peuvent avoir
aucun recours sur les biens de l'héritier , *suivant la Loi 1 , §. 17, ff. de se-*
parat.

Les créanciers qui ont manqué de former opposition, ne peuvent espérer, en
faisant arrêter le prix , que de venir en
concurrence avec les autres créanciers
non opposants , parce qu'après avoir
payé les créanciers opposants , la distribution du surplus doit se faire , non
par ordre d'hypotheque , mais de la
maniere qu'on distribue une créance ,
parce qu'au moyen des lettres de rati-

fication, ce qui reste dû, après avoir payé les créanciers opposants, n'est considéré que comme simple dette, sur laquelle les créanciers hypothécaires n'ont pas plus de droit que les chirographaires ; le premier saisissant doit l'emporter sur les créanciers hypothécaires, quand même la vente contiendroit une délégation en faveur des créanciers hypothécaires, pourvu qu'elle ne fût pas acceptée, parce que toutes les clauses & conventions de la vente sont regardées, quant à ce, comme non écrites (ainsi que je l'ai observé ci-dessus) du moment que la vente est mise aux hypotheques & suivie des lettres de ratification.

Observez au surplus que les créanciers opposants peuvent éviter les frais de la consignation, en faisant ordonner, après l'obtention des lettres, que les oppositions seront converties en saisie-arrêt, & que sur le prix de la vente les créanciers opposants seront payés suivant l'ordre de leurs privileges & hypotheques. On le pratiquoit ainsi pour les décrets volontaires ; la même chose doit être aujourd'hui observée, puisque les lettres de ratification sont une subrogation à ce décret.

Q 2

Avant 1771, en cas de décret volontaire, s'il y avoit un des créanciers qui fit des contestations, & qu'on fût obligé de faire l'orde en justice, l'on jugeoit que le droit de consignation n'étoit dû que pour la somme pour laquelle les créanciers étoient colloqués, & non pour le total de l'adjudication ; *voyez Pothier, Traité de la Procédure civile, tom.* 2, *pag.* 278 : l'on doit en user de même aujourd'hui.

Les Receveurs des consignations ont prétendu que, quand il y avoit des oppositions aux hypotheques, ils étoient en droit de faire consigner le prix, & de se faire payer le droit de consignation ; mais cette prétention a été proscrite par arret du Conseil, du 24 décembre 1778, dont voici l'espece. Le sieur Bertheau, ingénieur des ponts & chaussées, vend par contat du 5 juillet 1777, au sieur Dumont, Chevalier de St. Louis, la terre du Verger & ses dépendances, moyennant le prix de 32100 liv. payables après l'obtention des lettres de ratification. Il remplit les formalités prescrites par l'Edit de 1771, & prend au Bailliage d'Orléans des lettres de ratification qui sont scellées à la charge de plusieurs oppositions. Il s'eleva des contestations entre les par-

ties intéreffées ; mais elles furent termi-
nées par une fentence d'expédient, du
18 mai 1778, qui ordonna que le fieur
Dumont fe libéreroit du prix de fon acquifition en principal & intérêts, ainfi &
de la maniere qu'il étoit convenu, à la
referve d'une fomme de 10000 liv. qu'il
fut autorifé à retenir par fes mains, pour
garantie de l'événement d'une inftance
pendante au Bureau des Finances d'Orléans.

Lorfqu'il fe difpofoit à exécuter cette
fentence, il lui fut fignifié une contrainte décernée par le fieur Johanneton,
Receveur des confignations du Bailliage
d'Orléans, le 22 du même mois de mai
1778, à l'effet de faire rapporter en fon
bureau les 32100 liv. prix de la vente
de la terre du Verger. Il eft remarquable
que cette contrainte étoit motivée ainfi.
» Attendu les oppofitions fubfiftantes
» fur deniers, dont l'ordre & la diftri-
» bution s'eft faite en icelui. » Sur cette
contrainte, le Régiffeur général des
droits de Sa Majefté, prenant le fait &
caufe du fieur Dumont, fit rendre le 24
décembre 1778, un arrêt du Confeil,
dont le difpofitif eft ainfi conçu. » Le Roi
» étant en fon Confeil, a évoqué à lui
» & à fon Confeil, la demande portée

» pardevant les Officiers du Bailliage
» d'Orléans par le sieur Johanneton ,
» Receveur des consignations dudit
» Bailliage , contre le sieur Dumont ,
» acquéreur de la terre du Verger , aux
» fins de rapporter & consigner en son
» bureau les 32100 liv. prix de son ac-
» quisition ; ce faisant , déclare la con-
» trainte décernée par ledit sieur Johan-
» neton contre ledit sieur Dumont, nul-
» le & de nul effet ; fait défenses audit
» sieur Johanneton d'en suivre l'exécu-
» tion, & de faire sur icelle aucune pour-
» suite , à peine de nullité , cassation de
» procédures & de 1000 liv. d'amende;
» lui fait pareillement défenses , ainsi
» qu'à tous autres Receveurs des consi-
» gnations , près les Bailliages & Séné-
» chaussées du Royaume , de décerner
» de pareilles contraintes à l'avenir, sous
» peine de nullité , & de tous dépens ,
» dommages & intérêts. Fait au Conseil
» d'Etat du Roi , Sa Majsté y étant , te-
» nu à Versailles , le 24 décembre
» 1778. »

Enfin , remarquez qu'après le décès
d'un débiteur , tous ses créanciers chirographaires viennent par concurrence ; &
quoiqu'il y en ait qui aient fait reconnoître leurs titres par l'héritier , ou obtenu

fentence, cela ne leur produit aucune
préférence fur les biens du défunt, ainfi
que nous l'avons obfervé *à la note 1,*
art. VII.

A R T I C L E X X.

Les oppofitions qui pourront être
formées fur les propriétaires des immeubles réels & fictifs, pour fûreté
des créances hypothequées fur lefdits immeubles, *feront reçues & vi-*
fées (1) par les Confervateurs créés
par notre préfent Edit, lefquels dé-
livreront des extraits fur papier timbré defdites oppofitions à ceux qui
en auront befoin.

(1) *Seront reçues & vifées,* toute oppofition faite entre les mains des Confervateurs des hypotheques, non vifées
de lui, eft regardée comme non exiftan-
te; le confervateur devant répondre de
la créance, pour laquelle on forme oppofition, on n'a pas voulu que l'huiffier
en fût cru fur fa déclaration, qu'il a
formé l'oppofition; il faut de plus
l'atteftation du confervateur, comme
on la lui a remife, & qu'il l'a enré-
giftrée.

Que devroit-on décider, si le Conservateur des hypotheques refusoit de recevoir l'opposit on ? il faudroit alors que l'huissier se retirât devant le Juge royal du lieu, qui lui donneroit acte de l'opposition ; & il ne peut être douteux, que l'ordonnance qui seroit rendue en pareil cas, vaudroit autant que le *visa* du Conservateur des hypotheques ; parce que nul n'est tenu à l'impossible ; & le Conservateur des hypotheques seroit dans le cas de l'amende prononcée par l'article XXI du même Edit.

Article XXI.

Les Conservateurs des hypotheques tiendront un registre en papier timbré, dont les feuillets seront cotés sans frais par premier & dernier, & paraphés à chaque page par le Lieutenant-Général du Siege, ou autre Officier, suivant l'ordre du tableau, dans lequel ils inséreront de suite, sans aucun blanc ni interligne, *toutes les oppositions* (1) qui seront formées entre leurs mains, à peine de faux & de 1500 liv.

liv. d'amende, & de tous dépens, dommages & intérêts des parties.

(1) *Toutes les oppositions*; l'usage est de les faire par exploit, tandis que jusqu'à présent, lorsqu'on formoit opposition à un décret forcé ou volontaire, l'on se contentoit que le Procureur comparût au Greffe, & déclarât sur le regiftre du Greffier qu'il formoit opposition à telle vente, de laquelle le Greffier lui donnoit acte, & lui en délivroit une expédition, ce qui étoit fait sans droits ; au lieu qu'à présent on fait un exploit, & le Conservateur eft obligé de le transcrire sur le regiftre qu'il doit tenir à cet effet.

Il peut en délivrer des copies à ceux qui les réclament, sans qu'il soit céceffaire de compulfoire ; & ces copies font la même foi, que l'orignal fait par l'huiffier.

ARTICLE XXII.

L'opposition *sera datée & visée* (1) par le Conservateur, & il sera exprimé, *si c'est avant ou après midi*, (2) elle contiendra les noms de baptême, famille, *qualités & de-*

meure de *l'opposant*, (3) *avec élection de domicile* (4) dans le lieu où
se fera l'enregistrement, *sans que
ledit domicile puisse cesser par le
décès du Procureur* (5) où il aura
été élu ; ce domicile ne pourra même être changé, si ce n'est par une
nouvelle élection, laquelle sera enregistrée à la marge de l'opposition,
& visée par le Conservateur, de la
même maniere que l'opposition, le
tout à peine de nullité.

(1) *Sera datée ;* c'est-à-dire, qu'on
y fera mention du jour, du mois & de
l'année que l'exploit a été fait ; si l'on
avoit omis la date, il n'est pas douteux
que l'opposition seroit nulle.

Cette date ne doit pas être d'un jour
de Dimanche ou Fête ; parce que ces
jours-là il est défendu de faire des actes
judiciaires, & une opposition est de ce
nombre.

M. Pinault, en son recueil d'arrêts
du Parlement de Flandres, en rapporte
un, du 17 février 1697, qui déclare nul
un exploit daté d'un jour de Dimanche
ou Fête.

Cependant, si la chose requéroit célérité, comme si les deux mois prescrits alloient expirer, l'opposant pourroit obtenir permission de former son opposition un jour de Dimanche, à l'exemple de ce qui se pratique en fait de retrait lignager. *Voyez Pothier, traité des Retraits, pag. 240 & suivantes.*

(2) *Si c'est avant ou après midi*; cette mention ne peut être utile, que dans le cas que les lettres de ratification seroient datées du même jour de l'opposition.

Que doit-on décider, si l'opposition a été formée avant midi, & que les lettres soient scellées le même jour sans faire mention de l'opposition ? Je pense qu'on doit donner la préférence à l'opposition, parce que le Conservateur est dans son tort, de n'avoir pas fait mention en recevant l'opposition, qu'il y avoit des lettres de ratifications expédiées, & scellées du jour de l'opposition, & avant la remise d'icelle.

(3) *De la qualité & demeure de l'opposant*; c'est-à-dire, qu'il faut faire mention de son nom, demeure & qualité; & cependant ce ne seroit pas un moyen

de nullité, si la partie qui forme l'opposition étoit suffisamment désignée, comme si c'est à la requête du Procureur du Roi ou Fiscal de tel lieu, leur nom étant assez connu par leur qualité, cela suffit.

Il en seroit de même, si c'étoit à la requête du Syndic d'un Hôpital ou Communauté.

Une opposition formée à la requête de Jeanne L.... fille majeure, sans y mettre de quelle profession & qualité elle est, seroit-elle valide ? Je pense que oui. L'Edit exige à la vérité qu'il soit fait mention de la qualité ; mais cela doit s'entendre de celle qui donne droit pour former l'opposition, & non de la profession.

Une opposition formée à la requête d'un tel & consorts, seroit nulle pour ce qui concerneroit les consorts ; de même que l'est un exploit d'assignation fait à la requête de tel & consorts pour ceux-ci ; d'où il suit qu'un cohéritier, par une pareille opposition, ne peut conserver que son droit, & non celui des autres cohéritiers ; car il n'y a que le cas d'union des créanciers, où un seul puisse former opposition pour les autres.

(4) *Avec élection de domicile* ; dans les exploits , il est nécessaire que l'élection de domicile se fasse dans la demeure de la partie qui fait assigner ; mais pour l'opposition , il suffit d'élire domicile dans le lieu où est établi le bureau des hypothèques ; parce qu'on peut faire au domicile élu toutes les significations relatives à l'opposition : c'est chez un Procureur que l'on fait cette élection de domicile , le présent article le requiert ; d'où il y a lieu de penser que si l'élection de domicile étoit faite ailleurs , l'opposition seroit nulle.

(5) *Sans que le domicile puisse cesser par le décès du Procureur ;* il faut donc , 1°. que l'opposition contienne une constitution de Procureur ; 2°. que l'élection de domicile soit faite au domicile ou étude du même Procureur , par le décès duquel le domicile n'est pas révoqué. Mais il en est autrement si l'opposant vient à décéder, son opposition subsiste pour trois ans en faveur des héritiers ; cependant si les autres créanciers opposants veulent former des demandes, il faut qu'ils les forment au domicile des héritiers , & non au domicile élu par le défunt, parce qu'on ne peut procéder contre un homme décédé , & ses héritiers ne peuvent qu'être assignés à leur domicile.

Article XXIII.

Le créancier sera tenu de déclarer par son opposition le nom de famille , les titres , qualités & *demeure de son débiteur* , (1) le tout à peine d'être déchu du recours prononcé contre le Conservateur , par l'article XXVII ci-après.

(1) *Demeure de son débiteur*. *Voyez ce que nous avons dit sur l'article XI.* Toutes les précautions sont prescrites , afin que le propriétaire , sur lequel l'on forme une opposition , soit bien connu ; cependant , comme on peut changer de domicile , si , d'abord après l'opposition formée , le débiteur va rester dans un autre lieu , & qu'il consente des ventes sans parler de son premier domicile , & qu'on obtienne en conséquence des lettres qu'on fasse sceller , sans parler des oppositions formées , il est évident qu'on ne pourroit avoir de recours contre le Conservateur des hypotheques ; & comme on n'auroit pas satisfait à ce qui est

preſcrit par l'article XI , de pareilles lettres ne ſauroient mettre l'acquéreur à l'abri des recherches hypothécaires.

ARTICLE XXIV.

Les Conſervateurs ſeront tenus *de délivrer*, (1) quand ils en ſeront requis, *les extraits* (2) de leurs re-giſtres, & d'y coter le jour & la date des oppoſitions , le regiſtre , ainſi que le feuillet où elles auront été regiſtrées , ou de donner *des certi-ficats* (3) qu'il en a été formé au-cune , à peine *de privation* (4) de leurs offices, & de 1500 liv. d'a-mende , & des dommages-intérêts des parties.

(1) *De délivrer* ; il n'eſt pas beſoin d'obtenir de compulſoire pour les y con-traindre. Toute perſonne qui demande des extraits des oppoſitions , doit les avoir ſans examiner ſa qualité , ni le motif qui l'a fait agir , ni ſi elle eſt ou non intéreſſée à l'oppoſition.

(2) *Les extraits* , c'eſt-à-dire , des oppoſitions dont ils requierent copie ,

& ces extraits sont signés par le Conservateur.

(3) *Ou de donner un certificat* ; après
avoir donné le certificat , comme il n'y
a pas d'opposition ; s'il s'en trouve , le
certificateur a encouru les peines portées
par l'Edit.

(4) *A peine de privation*. Si l'office
est exercé par un commis, le propriétaire sera responsable de sa gestion.

ARTICLE XXV.

Les Conservateurs auront entrée
au sceau des Chancelleries , près
desquelles ils sont établis , à l'*instar*
de nos Conseillers-Conservateurs des
hypotheques , créés & établis près
notre Chancellerie , & ils auront
seuls le droit de présenter au sceau
lesdites lettres de ratification.

ARTICLE XXVI.

Avant de présenter au sceau les
lettres de ratification , ils feront
mention sur le replis d'icelles , s'il
y a des *oppositions subsistantes* , (F)

auquel cas elles ne feront fcellées qu'à la charge des oppofitions , *lef- quelles fubfifteront* (2) fans être re- nouvellées , à l'*inftar* & de la même maniere qu'il fe pratique pour les lettres de ratification obtenues en notre grande *Chancellerie.* (3)

(1) *Oppofitions fubfiftantes* ; c'eft-à- dire , qu'il n'y ait pas trois ans qu'elle a été formée ; puifque , paffé ce temps , elle ne fubfifte plus , lorfqu'il n'y a pas eu de vente de fcellée durant ce temps.

Si après les deux mois expirés depuis l'expofition du contrat , il n'y a point d'oppofition , que l'expédition & le fceau des lettres n'aient été requis , & que par la faute du Confervateur elle foit retardée , il doit répondre des dom- mages intérêts qui en peuvent réfulter , à caufe des oppofitions qu'on a formées dans l'intervale , du jour qu'on a requis les lettres , jufqu'au jour de leur expédi- tion & fceau.

(2) *Lefquelles fubfifteront ; voyez la note 9 de l'art. VI.* Ceci ne doit s'enten- dre que des héritages échangés ou don- nés : pour ce qui eft des héritages acquis à prix d'argent, l'acquéreur fait cesser l'hypotheque ; en consignant le prix ; c'est l'obligation qui lui est imposée par l'Edit de 1771.

(3) *Chancellerie ; voyez la note 6*, art. *VII.*

Article XXVII.

S'il n'y a aucune opposition subsistante, les lettres de ratification seront scellées purement & simplement, & dans le cas où, avant le sceau d'icelles, il auroit été fait quelqu'opposition, dont les Conservateurs *n'eussent pas fait mention,* (1) lesdits Conservateurs demeureront *responsables*, (2) en leur nom propre & privé des sommes auxquelles pourront monter les créances desdits opposants, qui viendroient en ordre utile, & ce, jusqu'à concurrence de la valeur de l'immeuble, mentionné auxdites lettres ; à l'effet de quoi la finance de chacun desdits offices qui sera fixée par un rôle arrêté en notre Conseil, demeurera affectée par préférence , comme fait de charge.

(1) *N'eussent pas fait mention* ; cela dit clairement que le Conservateur des hypotheques doit faire mention sur les lettres qu'il y a telle & telle opposition subsistante ; cependant l'on se contente (lorsqu il y a des oppositions) de mettre à la charge des oppositions , ce qui n'est pas suffisant pour satisfaire à l'Edit ; il exige qu'elles soient détaillées.

Quoique les lettres ne soient scellées qu'à la charge des oppositions , cela ne peut être utile qu'à ceux qui en ont réellement de subsistantes ; si les trois années sont expirées , quand même le Conservateur auroit mis à la charge des oppositions , cela ne pourroit faire revivre celles qui ne subsisteroient plus , ainsi que je l'ai dit ailleurs.

(2) *Responsables* ; le Conservateur des hypotheques étant chargé de la garde & conservation des hypotheques des créanciers , qui forment opposition en ses mains , doit apporter non un soin ordinaire , mais tout le soin possible , puisqu'on le déclare responsable de la faute la plus légere , sans qu'on puisse dire que

cela doit recevoir des exceptions ; car l'article que nous expliquons , déclare , en termes formels , le Conservateur responsable , s'il a scellé des lettres sans opposition , tandis qu'il y en a de subsistantes.

On demande si le Conservateur, en payant le créancier opposant, est subrogé à ses actions, droits & hypotheques ? Je pense que oui, & qu'il peut les exercer en son entier sur les biens du débiteur, autres néanmoins que ceux dont l'hypotheque a été déja purgée par les lettres qu'il a scellées, sans faire mention des oppositions.

Cependant ce recours du créancier contre le Conservateur n'a lieu qu'autant qu'on démontre que celui-ci est dans son tort ; s'il établissoit qu'il y a eu un changement considérable dans les noms; comme si l'on avoit formé opposition aux ventes que *Titus* pourroit faire , qu'il ait de suite donné ses biéns à *Mævius* , que celui-ci ait fait la vente sans faire mention de sa qualité de donataire, qu'on l'ait mise aux hypotheques, & qu'on l'ait scellée sans faire mention d'aucune opposition formée par les créanciers de *Titus*, il est évident que le recours n'auroit point

lieu contre le Conservateur , ni les lettres aucun effet contre les opposants.

Il en seroit de même dans le cas d'une
vente passée , par des particuliers de
Province , en la ville de Paris où les
Notaires du Chatelet se contentent de
qualifier toutes les parties qui contractent devant eux de domiciliés de Paris ,
quoique nombre n'ayent d'autre domicile qu'une demeure passagere. L'on en-
voie ces actes sur les lieux , on les expose aux hypotheques ; le vendeur y
est qualifié de domicilié de Paris , les
oppositions sont faites comme domicilié
en Province ; cet acte présenté aux hypotheques , le Conservateur ne recon-
noit , ni ne peut reconnoître , les oppositions qu'il y a , scelle les lettres purement & simplement , sans parler d'aucune opposition ; il s'en trouve cependant de subsistantes ; mais comme on
ne peut lui rien imputer , non seulement je pense qu'il n'est tenu à aucune
garantie , mais encore que les lettres
ainsi obtenues sont subreptices ; qu'ainsi
elles ne peuvent avoir d'effet contre les
créanciers opposants.

ARTICLE XXVIII.

Attribuons , à titre de gage , aux

dits Conservateurs quatre pour cent
du montant de leur finance, outre
les droits particuliers qui leur seront
fixés par un tarif arrêté en notre
Conseil, pour leur tenir lieu d'émoluments de leur travail, nous réser-
vant, en attendant la levée desdits
offices, de commettre à leur exercice telle personne que bon nous
semblera.

ARTICLE XXIX.

Jouiront en outre les Conservateurs du droit de survivance; voulons qu'ils ne paient à l'obtention de
leurs premieres provisions que le
tiers des droits de marc d'or, sceau
& honoraires auxquels ils seront taxés; & en cas de mort ou résigna-
tion, les dispensons, leurs enfants,
héritiers ou ayant cause, de nous
payer aucun droit de survivance
pour cette premiere mutation.

ARTICLE XXX.

Voulons que, pour le sceau de

chacune des lettres de ratification, il ſoit payé les ſommes qui ſeront fixées par le tarif arrêté en notre Conſeil.

ARTICLE XXXI.

En cas de vente par décret forcé, les créanciers qui ont fait & feront ſaiſir réellement un immeuble, ſeront tenus de faire dénoncer, *un mois au moins avant l'adjudication* (1), leur ſaiſie réelle à ceux qui ſe trouveront avoir formé leur oppoſition ſur leſdits immeubles, *au domicile par eux élu* (2) de l'acte d'oppoſition, *à peine de nullité de procédure*, (3) de décret, vis-à-vis les créanciers qui auront leurs oppoſitions ès mains du Conſervateur des hypotheques, & de tous dépens, dommages & intérêts deſdits oppoſants, & *vaudront les oppoſitions faites entre les mains deſdits Conſervateurs* (4), comme ſi elles étoient faites en décret forcé deſdits biens.

(1) *Un mois au moins avant l'adjudi-cation.* Celui qui pourſuit la ſaiſie réelle, peut donc attendre à la faire dénoncer juſqu'à ce que le congé d'adjuger ſoit rendu, puiſqu'il ſuffit qu'il y ait un mois depuis la dénonciation de la ſaiſie au créancier oppoſant juſqu'à l'adjudi-cation.

On ne peut former oppoſition à la conſervation des hypotheques que pour les ſommes pour leſquelles on eſt dans le cas d'être alloué, mais non des op-poſitions en diſtraction, ou afin d'an-nuller. Si un particulier étoit dans le cas de former des oppoſitions à une ſai-ſie réelle, ſoit pour la conſervation de ſes hypotheques, ſoit afin de diſtraire ou d'annuller, & qu'il ſe fût contenté de former ſimplement oppoſition aux hypotheques, quand même il auroit dit que c'étoit une diſtraction, ſon droit ne ſeroit pas conſervé; car l'oppoſition aux hypotheques ne peut rien opérer pour la propriété : l'Edit y eſt précis. Il faut qu'il y ait une oppoſition en diſtraction, & qu'elle ſoit formée avant le congé d'adjuger; & au greffe où ſe pourſuit la ſaiſie réelle, après le congé d'adjuger, l'on ne reçoit pas de pareil-les oppoſitions, conformément au Ré-glement

glement de 1598 , articles 4 & 6 , & la raison en est qu'il faut encourager les enchériſſeurs. Une pareille oppoſition ſeroit donc nulle , & je ne penſe pas même qu'il fût néceſſaire de dénoncer à cet oppoſant la ſaiſie réelle.

Eſt-il néceſſaire que l'oppoſition aux hypotheques ſoit faite avant la ſaiſie réelle commencée, pour être dans le cas de la dénonciation preſcrite ? L'article ne le dit pas préciſément , mais il ſuppoſe que cela ſoit ; c'eſt ce qui réſulte de ces expreſſions , *ſe trouveront avoir formé leurs oppoſitions.* Celles qui ſe forment après la ſaiſie commencée , doivent ſe faire de la maniere qu'on l'a toujours pratiqué en fait de ſaiſie réelle , quoiqu'elles n'aient pour objet qu'une ſimple créance ; car ſi l'on avoit égard aux oppoſitions qu'on pourroit former aux hypotheques, pendant le cours de la ſaiſie réelle , devant être dénoncée à l'oppoſant un mois avant l'adjudication , il faudroit donc faire examiner , juſqu'au jour de l'adjudication , s'il n'y a pas d'oppoſition ; & en cas qu'il y en eût , il faudroit faire une nouvelle dénonciation , & ſuſpendre encore pendant un mois, durant lequel temps on pourroit former de nouvelles oppoſirions ; ce qui feroit peut-être qu'on ne pourroit jamais parvenir à obtenir une adjudication. Delà je conclus que la dénonciation de la faifie réelle ne doit être faite qu'aux créanciers oppofants aux hypothèques avant la faifie commencée ; s'il en étoit autrement, & qu'il y eût nombre de créanciers qui fuffent de convivence, le pourfuivant auroit des années à attendre avant qu'il pût parvenir à une adjudication.

Il faut de plus que l'oppofition du créancier foit fubfiftante au temps que l'adjudication eft rendue, pour qu'on puiffe fe prévaloir du défaut de notification ; car du moment qu'elle ne fubfifte plus au temps de l'adjudication, l'oppofant ne peut fe plaindre : ce qui doit avoir lieu, quand même cela ne feroit que depuis la faifie réelle commencée, que les trois ans de l'oppofition auroient expiré.

Si l'oppofition eft renouvellée dans les trois ans, je penfe qu'alors c'eft le cas de la dénonciation preferite par l'article ci-deffus.

(2) *Au domicile par eux élu ;* c'eft-à-dire, au domicile du Procureur qui a été conftitué lors de l'oppofition ; d'où

il paroît qu'il faudroit conclure que la dénonciation faite à la perſonne ou domicile du créancier, ne ſeroit pas ſuffiſante. J'aurois de la peine à croire qu'on portât la rigueur juſque-là.

Si le débiteur avoit ſon bien ſitué dans différents Bailliages ou Sénéchauſſées, que le créancier eût formé oppoſition dans tous ces Bailliages ou Sénéchauſſées, & qu'on eût enſuite compris tous ſes biens dans une ſaiſie réelle, je penſe qu'il ſeroit inutile de faire autant de dénonciations qu'il y auroit d'oppoſitions, & qu'une dénonciation faite à un des domiciles élus ſuffiroit.

(3) *A peine de nullité de la procédure;* ce ne ſont que les créanciers oppoſants aux hypotheques qui peuvent faire valoir cette nullité, ainſi que le porte l'article ci-deſſus; en acquittant leurs créances, on fait ceſſer la nullité que l'article prononce en leur faveur.

Celui qui a la pourſuite de la ſaiſie réelle, ne peut ſe mettre à l'abri d'une pareille nullité, en prouvant que les oppoſants ne ſeroient pas venus en rang utile; il eſt aſſujetti à faire la dénonciation preſcrite, à peine de nullité des pourſuites, à moins qu'il ne paye les créances des oppoſants.   S 2

(4) *Vaudront les oppositions faites en-tre les mains des Conservateurs* ; il faut qu'elles foient faites avant la faifie, ou du moins avant le congé d'adjuger, ainfi que nous l'avons déja dit; celles qui feroient faites après, ne pourroient produire d'effet. Au furplus, cela doit s'entendre, ainfi que je l'ai dit des oppofitions afin de conferver, & non afin de diftraire, comme je l'ai déja établi.

Pour ce qui eft des oppofitions afin d'annuller & de diftraire, elles ne peuvent fe former entre les mains du Confervateur des hypotheques, puifque cela n'a rien de relatif à la propriété, aux termes de l'article ci-deffus.

Article XXXII.

Je N'entendons point comprendre dans le préfent Edit *les hypotheques des femmes* (1) fur les biens de de leurs maris, pendant la vie defdits maris, non plus que celles des enfants fur les biens de leurs peres, pour raifon feulement des douaires non ouverts, pour lefquels il ne fera plus néceffaire de former d'oppofition.

(1) *Les hypotheques des femmes* ; le présent article paroît contraire à l'art. XVII
ci-dessus ; en effet, l'art. XVII porte que
les femmes, en puissance de mari, ainsi
que les mineurs & autres, seront tenus
de former opposition aux hypotheques,
à peine d'en être déchus ; l'article ci-
dessus dit qu'on n'entend point comprendre les hypotheques des femmes sur
les biens de leurs maris, pendant la vie
desdits maris, non plus que celles des
enfants sur les biens de leurs peres, pour
raison seulement des douaires non ouverts.

L'Auteur des observations sur cet Edit
concilie ces articles, en disant que la
femme est obligée de former, quoiqu'en puissance de mari, pour tout ce
qui lui est du par autre que par le mari ;
que si elle ne le fait pas, elle perd l'hypotheque, sauf son recours contre son
mari ; mais que pour les sommes dues
à la femme par le mari, elle en est
dispensée pendant la vie de celui-ci :
cela paroît très-équitable, puisque la
femme, pendant le mariage, ne peut agir
contre son mari, sans avoir recours à
la justice, crainte que cela ne troublât
l'union qui doit être entre le mari & la
femme, ce qui a servi de motif pour

faire suspendre la presciption pendant le mariage ; il doit également servir d'excuse pour mettre la femme à l'abri des lettres de ratification. D'ailleurs ce seroit un moyen de faire perdre la dot à la femme ; car souvent , par complaisance pour son mari , elle s'oblige pour les dettes de celui-ci ; au lieu de la faire obliger , il ne seroit question que de lui faire garder le silence jusqu'à ce que les lettres de ratification seroient expédiées , & en perdant l'hypotheque , elle perdroit la dot.

Indépendamment de cela , la dot est préférable au douaire , suivant l'arrêt du 13 décembre 1624 , rapporté au *1er. tome du Journal des Audiences* ; elle doit donc jouir des mêmes privileges ; or , cela étant , il seroit ridicule qu'elle fût purgée par les lettres , tandis que le douaire ne l'est point.

La préférence de la dot sur le douaire est encore établie par plusieurs arrêts , rapportés par Louet & Brodeau , *liv.* 2 , *chap.* 40 , il y en a un en forme de réglement. Les raisons que ces Auteurs donnent de cette préférence , sont que la dot est la premiere & la principale convention du mariage ; *nullum sine dote matrimonium* ; & par conséquent l'obliga-

t'on que contracte le mari , de conſerver à ſa femme la dot qu'elle lui apporte , *eſt ordine naturæ* ; la premiere eſt
la principale qu'il contracte, & par con-
ſéquent doit précéder , *ſaltem ordine n -
turæ* , l obligation du douaire que le mari
contracte , *in conſequentiam matrimonii* ;
d'ailleurs le douaire eſt un titre lucra-
tif ; or, ſi le douaire non échu eſt conſervé ſans oppoſition , à plus forte raiſon la dot qui mérite la préférence , &
qui eſt allouée avant.

L'obligation du douaire naît du contrat de mariage de ceux qui l'ont ſtipu-
lée , ou qui l'ont paſſée dans une coutume où le douaire a lieu , ſans une convention expreſſe ; cependant le douaire
des enfants , de même que celui de la
f mme , n'eſt ouvert qu'au temps de la
mort de leur pere ; tant qu'il vit , il ne
réſulte de l'obligation qu'un droit infor-
me , qui avorte & défaillit lorſque les
enfants viennent à mourir avant leur
pere.

En fait de vente par décret , du vi-
vant du pere , d'un héritage ſujet au
douaire à des créanciers poſtérieurs au
mariage , cela n'a jamais purgé l'hypotheque du douaire ; parce que ce qui n'eſt
pas né ne peut être purgé ; l'article ci-

deſſus eſt conforme avec ce qui avoit lieu avant. Mais quoique la dot ſoit due, je ne ſaurois croire qu'elle ſoit purgée ; parce que l'action pour la réclamer n'étant pas encore née, non plus que celle du douaire, elle ne peut être purgée.

Si le pere vend un héritage, & qu'il décede avant que le contrat ſoit expoſé aux hypotheques, & que bientôt après le décès l'acquéreur mette ſon acte aux affiches, ſi les enfants n'y formoient pas oppoſition, les hypotheques de la dot & du douaire ſeront purgées, quand même les lettres de ratification auroient été obtenues dans le délai accordé aux enfants pour délibérer après le décès de leur pere ; arrêt du 13 décembre 1758, rapporté par Deniſart, qui l'a jugé, en cas de ſaiſie réelle, & les mêmes regles doivent être pratiquées dans le cas de l'Edit.

Obſervez qu'il en eſt autrement à l'égard des oppoſitions au ſceau pour l'acquiſition d'un office ; car, lorſque les lettres ont été ſcellées ſans charge de douaire, quoiqu'il ne fût pas encore ouvert, le pourvu d'un office ne peut être troublé, ni par la veuve, ni par les enfants douairiers, étant cenſé tenir

nir l'office, non de celui qui l'a vendu, mais du Roi ; c'est ce qui a été
jugé par arrêt du 11 juillet 1702, rapporté au *au 5me. tome du Journal des Audiences.*

ARTICLE XXXIII.

Les lettres de ratification ne pourront être opposées par les acquéreurs
des *biens substitués* (1) à ceux qui
auront droit de revendiquer les
biens substitués, lorsque les *substitutions* (2) auront été *insinuées &*
publiées (3), au desir *de nos Ordonnances.*

(1) *Substitués* ; un arrêt du 23 décembre 1586, rapporté par Péléus, a jugé
que le décret ne purge point la substitution qui n'est pas ouverte ; l'art. 55
du tit. 1. de l'Ordonnance de 1747,
porte que les adjudications par décret
des biens substités, ne pourront avoir
aucun effet contre le substitué, lorsque
les substitutions auront été publiées,
suivant la forme portée par l'art. 18
& suivants du tit. 2 de la même Ordonnance. L'artice ci-dessus est conforme
aux mêmes regles, en cas de ventes des

T

biens substitués ; d'ailleurs le présent
Edit n'ayant rien de relatif à la propriété , quand même le présent article
n'auroit rien décidé, l'on n'auroit jamais
pu se prévaloir des lettres de ratification contre une substitution.

(2) *Les substitutions* ; l'art. 18 du tit.
2 de l'Ordonnance de 1747 porte , toutes les *substitutions fideicommissaires* ; Fur-
golle , en son commentaire sur cette Ordonnance , dit que ces paroles font comprendre que la nécessité de faire la publication & l'enregistrement , ne regarde
que les substitutions vraiment fideicommissaires , & non les substitutions
directes , comme sont les vulgaires , les
pupillaires expresses ou tacites, qui sont
renfermées sous l'exemplaire , à cause
qu'elles sont considérées comme des institutions directes , & operent le même
effet ; elle ne regarde pas non plus les
institutions fiduciaires.

Pour connoître si l'on est dans le cas
excepté par l'art. 55 de l'Ordonnance
de 1747 , il faut donner une idée de la
différence qu'il y a entre la substitution directe ou vulgaire , la pupillaire
expresse ou tacite , & la substitution fiduciaire d'avec la substitution fideicom-

miſſaire, dont parle l'Ordonnance de 1747.

1°. Par ſubſtitution directe, l'on entend le cas où le ſubſtitué prend les biens directement dans la ſucceſſion du ſubſtituant, & non pas une perſonne interpoſée ; par exemple, s'il eſt dit que j'inſtitue *Titus* pour mon héritier, & s'il n'eſt pas mon héritier, j'inſtitue ou je ſubſtitue *Sævius*, voilà la ſubſtitution directe ou vulgaire. Il eſt évident que ce n'eſt pas la ſubſtitution dont l'Ordonnance a entendu parler, puiſqu'il n'y a point de charge de rendre.

2°. La pupillaire expreſſe eſt celle où il eſt dit ; ſi mon fils décede en pupillarité ou avant l'âge de pouvoir diſpoſer de ſes biens, je lui ſubſtitue un tel, ou bien je ſubſtitue à mon fils impubere.

3°. La ſubſtitution pupillaire tacite eſt celle dans laquelle il n'eſt fait aucune mention de la puberté, ni en termes ſpécifiques, ni en termes généraux ; mais comme l'héritier prend toujours les biens de la main du teſtateur, & non de l'enfant, on la regarde comme vulgaire.

4°. La ſubſtitution ou héritier fiduciaire eſt, dit Pérégrinus, celui qui *non ſui contemplatione, ſed alterius gratiâ inſtitutus, eidem reſtituere hæreditatem, poſt*

*diem certam, rogatus proponitur : hic enim
nec fructus interim perceptos suos facit, nec
quartam detrahit, & ille fideicommissarius,
quamvis ante diem decedat, fideicommissum
transmittit in suos hæredes.* Cette définition
de Pérégrinus est adoptée par les Auteurs qui ont parlé de l'héritier fiduciaire, & notamment par *Maynard, quest. notab. liv. 5, chap. 85 ; par Henris, tome 1, liv. 3, quest. 22, & liv. 5, quest. 14.*

La substitution ou héritier fideicommissaire, dit un Auteur moderne, est une disposition de l'homme, par laquelle, en gratifiant quelqu'un expressément ou tacitement, il le charge de rendre la chose à lui donnée, ou une autre chose à un tiers qu'il gratifie en second ordre.

De ce que je viens de dire, il en résulte que l'héritier fiduciaire est comme l'héritier fideicommissaire, un héritier chargé de rendre ; mais un caractere essentiel le distingue, & dans le titre & dans les effets de ce titre, il n'est point institué pour lui-même, pour sa propre utilité, mais uniquement pour celui à qui il est chargé de rendre ; par cette raison il ne profite point des fruits, il ne peut demander aucune distraction ; enfin celui à qui il est chargé de rendre, est saisi du moment du décès du testateur, & tranſmet l'hérédité, quoiqu'il décede avant l'échéance du terme où l'hérédité doit lui être remiſe; ces trois caracteres eſſentiels, qui diſtingent l'héritier fiduciaire d'avec l'héritier fideicommiſſaire, ſont une ſuite néceſſaire de la nature de ſon titre; car en pareil cas l'héritier n'eſt qu'un ſimple dépoſitaire, & un ſimple adminiſtrateur des biens qui lui ont été confiés pendant un certain temps, juſqu'à ce que le ſubſtitué qui en eſt le véritable propriétaire, ſoit en état de les adminiſtrer par lui-même.

On connoît à certaines marques ſi la ſubſtitution eſt fiduciaire ou fideicommiſſaire; 1°. aux termes du teſtament, comme ſi le teſtateur a qualifié ſa ſubſtitution de fiduciaire, & encore faut-il qu'il n'y ait rien qui détruiſe cette qualification.

2°. On regarde comme inſtitution fiduciaire, celle faite à la charge de rendre à tel, à ſa majorité ou mariage, ſans pouvoir rien retenir; car s'il y avoit ajouté que les fruits ſeroient à l'héritier, pendant ſa vie, alors cela forme une ſubſtitution fideicommiſſaire. *Voyez Pérégrinus, Maynard & Henris, au lieu ci-deſſus cité.*

3°. Il en eſt de même, s'il eſt dit que l'héritier aura la liberté de rendre à plus d'un ſubſtitué, parce qu'aucun de ceux qui ont droit à l'élection ne peut ſe dire ſaiſi, ni demander la reſtitution de l'hérédité, tant que l'inſtitué n'a point déclaré ſon choix ; la propriété dans cet intervale ne réſide que ſur la tête de l'inſtitué, qui dès-lors n'eſt plus un ſimple héritier fiduciaire, mais un heritier fideicommiſſaire ; *Henris*, *au lieu ci-deſſus cité*.

Les ventes faites par un héritier fiduciaire ſont nulles, parce qu'il ne peut aliéner ce qui ne lui appartient pas ; mais je penſe que l'acquéreur peut avoir un recours contre celui qui a vendu, & demander des dommages-intérêts ; car ſi l'Ordonnance de 1747, ne s'applique pas à de pareilles ſubſtitutions, il eſt évident qu'on ne peut ſe prévaloir contre les aliénations, ſans payer aucun dommage & intérêt.

Il y a plus, c'eſt que ſi le grévé ſe trouvoit héritier du vendeur, il ſeroit tenu d'exécuter la vente, puiſque l'Ordonnance n'a pas eu en vue des pareilles ſubſtitutions, il faut donc s'en tenir au droit commun, qui déclare l'héritier du vendeur non recevable à revenir contre les engagements de ce dernier.

(3) *Infinuées & publiées* ; on appelle infinuation d'une fubftitution, la tranfcription de l'acte qui la contient dans un regiftre public ; & la publication eft la lecture qui en doit être faite, l'audience tenant.

Ces formalités de l'infinuation & de la publication ont été introduites par l'Ordonnance de Moulin ; celles qui font intervenues du depuis à ce fujet ont renouvellé les mêmes formalités, afin d'empêcher que les perfonnes qui contractent avec ceux dont les biens font grevés de fubftitution, ne fuffent trompés en croyant de contracter avec des gens dont les biens font libres.

Les ventes faites des biens fubftitués, quand la fubftitution n'a pas été infinuée & publiée, fon valides, comme s'il n'y avoit point de fubftitution ; la publication qu'on en pourroit faire enfuite n'opéreroit rien.

Il faut cependant en excepter le cas où la vente auroit été faite dans l'intervalle de fix mois, que la loi accorde pour faire faire l'infinuation & la publication ; car fi elle étoit faite dans les fix mois, elle auroit un effet rétro-

actif, l'acquéreur ne pourroit se prévaloir du défaut d'insinuation & publication.

Observez au surplus que le défaut de
publication & d'enregistrement, ne peut
être supplée ni regardé comme couvert
par la connoissance que les créanciers
ou les tiers-acquéreurs pourroient avoir
eu de la substitution par d'autres voies
que celle de la publication & de l'enrégistrement : *art. 33 de l'Ordonnance
de 1749.*

Pour ce qui est des rentes constituées, ou créances qui peuvent faire
partie des biens substitués, il ne peut
être douteux que le défaut de former
opposition de la part du grevé aux ventes des fonds, sur lesquels lesdites rentes ou créances sont hypothéquées, ne
fasse perdre l'hypotheque, en cas d'obtention de lettres, puisque le présent
article ne fait aucune exception à cet
égard.

Article XXXIV.

Les Seigneurs *féodaux* (1) *ou
censiers*, (2) tant laïques qu'ecclésiastiques, ne seront point tenus non
plus de faire aucune opposition ,

pour raison des fonds , des cens ,
rentes foncieres (3) & autres droits
seigneuriaux & féodeaux , sur les
héritages , fiefs & droits étant dans
leur censive & mouvance , mais
quant aux *arrérages des cens* , (4)
surcens , (5) *rentes foncieres* , (6)
droits de quints , (7) requints , droits
de lods & ventes , & autres droits
échus avant la vente , & autres dettes généralement quelconques; ils
seront tenus de former leur opposition ès mains du Conservateur, comme tous les autres créanciers.

(1) *Féodaux* ; c'est-à-dire , les Seigneurs dominants , ils sont féodaux à
raison du fief.

(2) *Censiers* ; c'est le Seigneur à qui les
cens , droits de lods , ventes & préla-
tion sont dûs , mais dont la haute justice
appartient à quelqu'autre Seigneur ;
pour la conserver , ainsi que les cens ,
ils ne sont pas obligés de former opposition, quand même les héritages seroient
situés dans un pays de franc-aleu ; parce que nul ne peut être dépouillé mal-

gré lui d'un droit qu'en vertu d'une loi ;
or il n'y en a aucune qui dépouille un
Seigneur de son droit seigneurial direct
sur les héritages vendus, soit par décret ou autrement, faute d'avoir formé opposition ; & l'Edit de 1551, de
même que celui de 1771, n'assujettissent
à former opposition que ceux qui n'ont
pas des droits seigneuriaux.

Si outre la censive & autres redevances
qui marquent la directe seigneurie, il
est dû au Seigneur d'autres redevances,
comme un gros cens, un champart,
le Seigneur doit s'opposer aux hypotheques, autrement ses droits seroient
purgés. *Voyez les arrêts cités par Dénisart,
au mot Décret.*

(3) *Rente fonciere* ; est celle qui est imposée sur quelque héritage ; quand elle
est avec les cens, elle n'est point seigneuriale, s'il n'y a titre précis.

Mais quand la rente fonciere est la
premiere charge imposée, qu'il n'y a
pas d'autre Seigneur à qui l'héritage paye
de cens, la rente est seigneuriale, &
jouit de tous les privileges des cens.
Voyez l'art. 392 *de la coutume de Bourbonnois.*

Quand un héritage franc & quitte

d'autres charges, est chargé d'une rente ; dans le doute si cette rente a été créée & établie par la concession du fonds ou à prix d'argent, si elle doit passer pour un cens emportant droits de lods & vente & directe seigneurie, ou pour une redevance ou rente constituée ; l'article cité de la coutume de Bourbonnois établit la présomption de la seigneurie directe en faveur de celui à qui la rente est dûe, & cette présomption charge le débiteur de faire la preuve du contraire ; & s'il prouve que ce n'est point par le délaissement d'héritages que la rente a été créé, elle n'emporte point directe ; elle est donc dans le cas d'être purgée, faute d'avoir formé opposition aux hypotheques.

S'il y avoit des Seigneurs qui prétendissent respectivement des rentes, & qu'elles eussent été servies, il n'y en auroit qu'une qui ne fût pas purgée, l'autre le seroit ; c'est à celui qui auroit les plus anciens titres qui conserveroit le droit. *Voyez Auroux, sur l'art. 392 de la coutume de Bourbonnois.*

(4) *Arrérages de cens ;* faute de former opposition, soit le Seigneur ou fermier, ils perdent les arrérages échus,

à l'époque de la vente qu'on a fait purger aux hypotheques.

Si l'héritage vendu avoit eté reconnu en solidité avec d'autres, le Seigneur ou fermier pourroit-il contraindre les autres co-tenanciers à payer la portion des cens dûs sur les héritages, dont les arrérages ont été purgés, faute d'avoir formé opposition ? Pour raison de douter, l'on peut dire que c'est au Seigneur à veiller à la conservation de ses droits ; que s'il les laisse purger, il doit être considéré comme s'il en avoit été payé ; mais pour raison de décider, l'on peut répondre que ceux qui sont obligés solidairement, doivent veiller, ainsi que les créanciers, à ce que rien ne soit perdu, soit par prescription ou autrement ; car les co-tenanciers peuvent eux-mêmes conserver les droits, en payant par eux, & exerçant le recours contre celui qui doit avant que la prescription soit acquise. *Voyez Pothier, traité du Bail à vente, sur la fin.*

Si le Seigneur ou fermier avoit formé la demande en pagésie contre un des co-tenanciers, avant que la vente eût été exposé aux hypotheques alors le co-tenancier auroit moins de raison de se plaindre, & devroit s'imputer de n'avoir pas veillé à la conservation des droits qu'il pouvoit répéter contre les autres.

(5) *Surcens* est un second cens qui est ajouté au premier.

Il diffère du premier cens, en ce que celui-ci est ordinairement très-modique, & imposé moins pour le profit, que pour marque de la seigneurie; au lieu que le surcens est presque toujours plus considérable que le cens, & est établi pour tenir lieu de produit de l'héritage.

Le surcens est seigneurial, ou simplement foncier.

Il est seigneurial lorsqu'il est dû au Seigneur censuel, outre le cens; & dans ce cas même il n'a pas privilege de cens, & n'emporte pas lods & ventes.

Le surcens simple foncier est la rente non seigneuriale imposée sur le fonds par le propriétaire depuis le bail à cens. Pour conserver le surcens faut-il former opposition, ou le défaut se réduira-t-il à ne purger que les arrérages des surcens, ou la propriété sera-t-elle purgée? Avant le présent Edit, en cas de décret, certains Auteurs prétendoient que les surcens étoient purgés, faute de former opposition; cependant, comme

l'Édit ne parle que des arrérages du surcens, & qu'il ne faut pas entendre la
peine, je pense que la propriété du surcens n'est pas purgée par le défaut d'opposition, & qu'il n'y a que les arrérages;
l'Édit ne faisant aucune distinction du
cens avec le surcens, l'on doit en conclure que l'un & l'autre sont conservés
sans opposition, & qu'il n'y a que les
arrérages de perdus. *Voyez Pothier, Traité
de la Procédure Civile*, tom. 2, *pag.* 234.

(6) *Rentes foncieres*; il faut entendre
celles qui sont seigneuriales: quant aux
autres rentes foncieres, le défaut d'opposition les purge; c'est ainsi qu'on le
pratique en fait de décret, & les mêmes
regles doivent avoir lieu ici. Un arrêt
de Réglement de 1688, rapporté par
d'Héricourt, a jugé que l'opposition
étoit nécessaire pour la conservation des
rentes foncieres non seigneuriales, quand
même elles appartiendroient à l'Église
ou à des mineurs.

Plusieurs personnes pensent néanmoins que le défaut de former opposition ne fait pas perdre la propriété des
rentes foncieres; je ne suis pas de cet
avis.

(7) *Quint.* C'est un profit de la sei-

gneurie, comme les lots & autres droits;
pour tous ces objets le Seigneur est obligé de s'opposer comme les autres créanciers.

Article XXXV.

Abrogeons l'usage des saisies &
nantissement (1), pour acquérir l'hypotheque & préférence, dérogeant
à cet effet à toutes coutumes &
usages à ce contraires.

(1) *Nantissement*; il y en a de deux
especes; 1°. lorsqu'une partie emprunte,
& qu'elle donne des effets mobiliers
pour sûreté, l'on appelle cela nantissement; celui qui les a reçus, n'est obligé de les rendre qu'après qu'il est payé
de ce qui lui est dû. L'Edit de 1771
n'ayant pour objet que les immeubles,
l'abrogation qu'il prononce par le présent article, ne sauroit avoir d'application au nantissement des meubles.

2°. Le nantissement dont est question
ici, produisoit deux effets : le premier,
que le créancier acqueroit un droit réel
sur la chose, tellement que l'héritage
sur lequel il s'étoit fait nantir, ne pouvoit plus être aliéné au préjudice de

fon dû, & il étoit d'ailleurs préféré à tous autres créanciers hypothécaires, non infcrits dans le regiftre du nantiffement, ou qui l'étoient après lui.

Le fecond étoit que par ce moyen le commerce étoit plus affuré, en ce que le nantiffement étant public, celui qui vouloit prêter avec fûreté, pouvoit connoître par-là l'état des affaires de celui avec lequel il traitoit, ou du moins les créances nanties qu'il avoit.

L'Edit de 1771 n'ayant pour objet que la fûreté des ventes, l'ufage où l'on eft dans certains Sieges de permettre par fentence au créancier de fe mettre en poffeffion de certains héritages du débiteur, pour en jouir jufqu'à ce qu'il foit payé de fon dû, doit continuer d'avoir lieu, le préfent Edit ne pouvant opérer aucun changement, parce que cela n'a point l'effet ni de transférer la propriété, ni d'empêcher l'aliénation de la part du véritable propriétaire.

Que devroit-on décider fi le créancier étoit en poffeffion de certains héritages, faute de paiement de ce qui lui feroit, & de que le propriétaire, fans rien payer, fît vente de ces mêmes fonds, & qu'on obtînt des lettres fans oppofition, de la part du créancier

qui

qui jouiroit , auroient - elles on non effet ?

Tout créancier , sans exception , étant obligé de former opposition , je pense que la prise de possession ne peut pas tenir lieu d'opposition ; & l'on ne peut pas donner à une pareille démarche le même effet qu'à une opposition ; d'où je conclus que le créancier seroit dans le cas d'être pépossédé , sans que l'acquéreur fût obligé de lui rien payer.

Il y a encore le contrat d'antichrese, connu dans le Droit Romain , & en usage dans le ressort du Parlement de Toulouse ; mais comme cet acte ne transfere point de propriété , je ne vois pas qu'on puisse tirer aucun avantage de ce qu'on auroit mis un pareil acte aux hypotheques , ni empêcher l'effet de la vente que le propriétaire auroit pu en faire , au préjudice de l'antichrese.

Article XXXVI.

Voulons néanmoins que ceux dont les contrats auront été ensaisinés , avant la publication de notre présent Edit , soient conservés dans les droits & préférence à eux acquis par lesdits nantissements ; passé lequel temps ils seront sujets aux mêmes formalités que les autres acquéreurs.

Article XXXVII.

Abrogeons pareillement l'usage des *décrets volontaires* (1) sans que, pour aucune cause ni sous aucun prétexte, il puisse en être fait à l'avenir, à peine de nullité d'iceux : n'entendons toutefois empêcher la suite & perfection de ceux commencés au jour de la publication de notre présent Edit, ni donner atteinte à l'effet des décrets antérieurs, & lesdites lettres de ratification tiendront lieu de décret volontaire *prescrit par l'article 18* (2) du titre 12 de l'Edit, portant réglement pour la procédure, du mois de février 1771, & enregistré le 17 dudit mois.

(1) *Décrets volontaires ;* on nommoit décret volontaire celui qui intervenoit sur une saisie réelle qu'un acquéreur fai-

foit faire fur lui de l'héritage qu'il avoit acquis, à l'effet de purger les hypotheques & autres charges dues fur les héritages vendus : on l'appelloit décret volontaire, parce qu'il fe faifoit du confentement de la perfonne qui avoit fait la vente.

Quand on n'a que des hypotheques à faire purger, on n'a pas befoin de prendre la voie du décret, il fuffit, aux termes du préfent Edit, d'obtenir des lettres de ratification. Mais quand il eft queftion de s'affurer une propriété, comme fi le bien qu'on veut acquérir appartient à un mineur ou à une femme en puiffance de mari, alors il eft indifpenfable de fe pourvoir par décret ; le préfent article défend d'en faire des volontaires, mais on peut les faire forcés.

(2) *Prefcrit par l'article 18 ;* cet Edit a été abrogé ; ainfi, en cas de faifie réelle, il faut fe conformer à ce qui eft prefcrit par celui de 1551, quand il n'y a pas d'autre loi, à Touloufe on en a une de 1736.

ARTICLE XXXVIII.

Pour donner un temps fuffifant à

ceux qui peuvent avoir ou prétendre des privileges ou hypotheques,
à la charge d'aucuns immeubles
réels & fictifs, de faire les oppositions prescrites par le présent Edit,
ordonnons qu'il ne sera scellé aucunes lettres de ratification que six
mois après la date de l'enregistrement de notre présent Edit. Si donnons en mandement, &c. Donné à
Versailles au mois de juin mil sept
cent soixante-onze.

LETTRES PATENTES
DU ROI,
Pour la Régie des Droits d'Hypotheques.

Données à Versailles le 7 Juillet 1771.

LOUIS, par la grace de Dieu, Roi de France & de Navarre, SALUT. Par résultat de notre Conseil du 30 juin dernier, Nous avons chargé Jean-baptiste Rousselle, Bourgeois de Paris, de faire, pour notre compte, la régie & recette des droits attribués aux offices des Conservateurs des hypotheques, & des Greffiers expéditionnaires, créés par notre Edit du mois de juin dernier, dans chacun de nos Bailliages & Sénéchaussées, de deux deniers pour livre, qui se payent pour l'enrégistrement des décrets volontaires, & dont Nous avons ordonné par l'article XIV de notre Edit que la perception continuera de se faire, à notre profit, sur le prix de chacune acquisition, sur laquelle il sera obtenu des lettres de ratification, de trois sols

que Nous nous sommes réservé sur les
six sols par cent livres du prix de chaque vente d'immeubles réels ou fictifs ,
établis par le tarif annexé à notredit
Edit ; du sixieme que Nous nous sommes pareillement réservé sur le montant
des droits fixés par ledit tarif, pour
la réception des oppositions au sceau
des lettres de ratification , par main-levée de chaque opposition , & par extrait de chaque opposition subsistante ,
& des quatre deniers pour livre du montant des ventes seulement , attribués aux
Offices des Jurés - priseurs , vendeurs
des biens meubles , créés par notre Edit
du mois de février dernier , pour être
établis dans toutes les villes & bourgs
de notre Royaume , pays , terres & seigneuries de notre obéissance , où il y
a Justice royale , à l'exception de notre bonne ville & banlieue de Paris ;
dans la vue de faire exécuter ledit résultat , Nous avons ordonné par arrêt
cejourd'hui rendu en notre Conseil d'E-
tat , Nous y étant , que ledit Jean-Baptiste Rousselle seroit mis en possession
de la recette & perception des droits ,
dont Nous lui avons confié la régie pour
dix années , qui ont commencé le 1er.
juillet 1771 , & qui finiront au dernier

juin 1781 inclusivement ; & que sur ledit Arrêt toutes Lettres-Patentes néces-
faires feroient expédiées. A CES CAUSES,
de l'avis de notre Conseil, qui a vu
ledit Arrêt ci-attaché, sous le contre-
scel de notre chancellerie ; Nous avons
ordonné, & par ces Présentes, signées
de notre main, ordonnons ce qui suit :

ARTICLE PREMIER.

La régie & recette de tous les susdits
droits sera faite à notre profit par ledit
Jean-Baptiste Rousselle, conformément
à nos Edits & Tarifs des mois de février
& juin derniers, pendant le temps &
espace de dix années, qui ont commencé au premier juillet 1771, & qui finiront au dernier juin 1781 inclusivement, sans que, sous aucun prétexte,
ni pour quelque cause que ce soit, led.
Rousselle puisse être dépossédé de ladite
régie, ni lesdit Offices vendus & aliénés avant l'expiration desdites dix années, & le remboursement total des
avances qui Nous ont été faites par
ledit Rousselle, auquel Nous affectons
spécialement le produit des droits desd.
Offices.

ARTICLE II.

Permettons audit Rousselle d'établir
tels Bureaux, & de commettre telles

perſonnes qu'il jugera à propos , pour faire la régie & perception deſdits droits, & pour exercer ſur ſes procurations & commiſſions , les fonctions des Offices de Conſervateurs des hypotheques & des Greffiers expéditionnaires qui ſont néceſſaires ; leſquels Prépoſés ſeront tenus de ſe faire recevoir & prêter ſerment devant les Officiers de nos Bailliages & Sénéchauſſées, qui ne pourront exiger d'eux aucuns frais , pour raiſon deſdites réceptions & preſtations de ſerment.

ARTICLE III.

Pourra ledit Rouſſelle ſe ſervir , ſi bon lui ſemble , pour la régie & recette deſdits droits , ainſi que pour l'exercice des fonctions deſdits Offices , des Directeurs & Employés de notre ferme des Domaines , ou autres Commis de nos fermes , auxquels nous enjoignons de s'en charger , à la premiere réquiſition dudit Rouſſelle , ſans pouvoir , ſous aucun prétexte , ni pour quelque motif que ce ſoit , refuſer & s'en diſpenſer , ſous peine de déſobéiſſance , ni prétendre autres appointements ou remiſes , que ceux qui ſeront par Nous réglés ; Nous réſervant à Nous & à notre Conſeil la connoiſſance des conteſtations qui pourroient naître à ce ſujet , que

Nous

Nous interdisons à nos autres Cours &
Juges.

ARTICLE IV.

Dispensons les Commis de nos fermes,
qui pourront être employés par ledit
Rousselle à la régie & perception desdits
droits, & qui auront déja prêté serment
pour les fonctions de leurs emplois, en
quelque Jurisdiction que ce soit, d'en
prêter un nouveau. Voulons qu'en ce
cas ils puissent exercer toutes fonctions,
& faire tous actes concernant la régie,
en vertu des procurations & commissions
dudit Rousselle, qui feront seulement
enrégistées, sans frais, aux Greffes de
nos Bailliages & Sénéchaussées, & que
tous Commis & autres Préposés par led.
Rousselle jouissent des mêmes privileges,
exemptions & prérogatives accordés aux
Commis de nos fermes.

ARTICLE V.

Voulons que tous Receveurs & Préposés à la recette & perception desdits
droits, soient tenus de fournir audit
Rousselle, dans le délai qui leur fera prescrit, un cautionnement bon & folvable
en biens-fonds, de la valeur qui fera
par Nous fixée, pour sûreté & garantie
de leurs gestions & maniement, à peine
de destitution; & que ceux desdits Re-

ceveurs & Prépofés qui feront en retard
de vuider leurs mains des deniers qu'ils
auront reçus, de rendre leurs comptes
aux échéances de chacune année, &
d'en folder les débets, y foient contraints par toutes voies dûes & raifon-
nables, même par corps, comme pour
nos propres deniers & affaires, en vertu
des contraintes qui feront décernées par
ledit Rouffelle, ou par fes fondés de procuration.

A R T I C L E V I.

Les contraintes qui auront été décernées par les Directeurs ou Prépofés dud.
Rouffelle, ne pourront être exécutées,
qu'au préalable elles n'aient été vifées
par un Officier du Bailliage, qui fera
tenu de le faire à l'inftant qu'elles lui feront préfentées & fans frais. Voulons
que lefdites contraintes foient exécutées
par provifion, nonobftant les oppofitions, qui ne pourront être reçues, qu'il
ne foit juftifié du paiement des fommes
pour lefquelles lefdites contraintes auront été décernées; faifons défenfes à
tous Juges de rendre aucune fentence ou
arrêt de furféance, à l'exécution defd.
contraintes. Ordonnons au furplus que
les arrêts & réglements rendus pour le
recouvrement de nos autres droits, foient

exécutés à l'égard de ceux énoncés par
ces Présentes.

ARTICLE VII.

Les commandements, exploits, fig-
nifications & autres actes qui seront faits
à la requête dudit Rousselle, concernant
la régie & recette desdits droits, feront contrôlés dans la huitaine, non
compris le jour de leur date. Voulons
qu'il ne soit payé pour le contrôle
desdits exploits que trois sols pour tous
droits.

ARTICLE VIII.

Ordonnons que les droits de deux
deniers pour livre, qui seront dûs pour
l'enrégistrement des décrets volontaires, qui étoient commencés au jour de
la publication de notre Edit du mois de
juin dernier, & dont nous avons permis la suite & perfection par l'article
XXXVII dudit Edit, seront payés entre les mains dudit Rousselle, ses Commis ou Préposés. Défendons au Fermier
Général de nos droits de les exiger &
percevoir, à peine de restitution, &
de tous dépens, dommages & intérêts.

ARTICLE IX.

Permettons audit Rousselle, ses Commis ou Préposés, de prendre dans les bureaux du contrôle des actes, toutes fois

& quantes, & fans déplacer, connoiffance des regiftres de centieme denier,
d'infinuations, même de ceux du contrôle; dérogeant, quant à ce, aux difpofitions des Réglements qui défendent
ladite communication, fans une ordonnance des Juges. Enjoignons aux Commis du contrôle, ou autres Dépofitai-
res defdits regiftres, de les communiquer audit Rouffelle, fes Commis ou
Prépofés, à la premiere réquifition &
fans aucun retardement.

ARTICLE X.

Ordonnons que les conteftations qui
pourront naître fur l'exécution de nos
Edits des mois de février & juin derniers, feront portées en premiere inftance devant les Officiers de nos Bailliages & Sénéchauffées, & par appel en
nos Cours de Parlement & Confeils Sou-
verains, dont ils reffortiront. Leur enjoignons de tenir la main à l'exécution
des Préfentes, nonobftant tous Edits,
Ordonnances, Déclarations, Arrêts &
Réglements contraires, auxquels Nous
avons dérogé & dérogeons par ces Préfentes, à cet égard feulement, & fans
tirer à conféquence. SI VOUS MANDONS
que ces Préfentes vous ayez à faire en-
régiftrer, & le contenu en icelles, en-

femble ledit Arrêt, exécuter felon leur forme & teneur : CAR TEL EST NOTRE PLAISIR. DONNÉ à Verfailles, le feptieme jour de juillet, l'an de grace mil fept cent foixante-onze, & de notre regne le cinquante-fixieme. *Signé* LOUIS.

EXTRAIT *des Regiſtres du Conſeil d'Etat.*

Du 7 Juillet 1771.

LE ROI ayant, par réfultat de fon Confeil, du 30 juin dernier, chargé Jean-Baptifte Rouffelle, Bourgeois de Paris, de faire, pour le compte de Sa Majefté, la régie & recette des droits attribués aux offices de Confervateurs des hypotheques & des Greffiers expéditionnaires, créés par Edit du mois de juin 1771, dans chacun des Bailliages & Sénéchauffées royales, du droit de deux deniers pour livre, qui fe payoit pour l'enrégiftrement des décrets volontaires, & dont Sa Majefté a ordonné par l'article XIV dudit Edit, que la perception continuera de fe faire à fon profit, fur le prix de chacune acquifition, fur laquelle il fera obtenu des lettres de ratification, de trois sols que Sa Majesté s'est reservée sur les six sols par cent liv. du prix de chaque vente d'immeubles réels ou fictifs, établis par le tarif annexé audit Edit ; du sixieme que Sa Majesté s'est pareillement reservée du montant des droits fixés par ledit tarif, pour la perception des oppositions au sceau des lettres de ratification, pour les mains-levées de chaque opposition subsistante ; enfin des droits de quatre deniers pour livre du montant des ventes seulement, attribués aux Offices de Jurés-Priseurs, vendeurs des biens-meubles, créés par Edit du mois de février 1771, pour être établis dans toutes les villes & bourgs du Royaume, pays, terres & seigneuries de l'obéissance de Sa Majesté, où il y a justice royale ; à l'exception de la ville & banlieue de Paris. Et Sa Majesté voulant que ledit Rousselle jouisse de l'effet dudit résultat, & qu'il puisse incessamment pourvoir à l'administration des droits ci-dessus énoncés, dont la régie lui est confiée pour dix années entieres & consécutives, à commencer du premier juillet 1771, jusqu'au dernier juin 1781, inclusivement : Ouï le rapport du sieur Abbé Terray, Conseiller ordinaire, & au Conseil royal, Contrôleur général des Finances : LE ROI ÉTANT EN SON CONSEIL, a ordonné & ordonne ce qui suit :

ARTICLE PREMIER.

La régie & recette des droits ci-dessus sera faite au profit de Sa Majesté par Jean-Baptiste Rousselle, conformément aux Edits & Tarifs des mois de février & juin 1771, pendant le temps & espace de dix années entieres & consécutives, qui ont commencé au premier juillet 1771, & qui finiront au dernier juin 1781, inclusivement ; sans que, sous aucun prétexte, ni pour quelque cause que ce soit, ledit Rousselle puisse être dépossédé de ladite régie, ni les Offices vendus & aliénés avant l'expiration desdites dix années, & le remboursement total des avances faites par ledit Rousselle, auquel le produit des droits desd. Offices demeure spécialement affecté.

ARTICLE II.

Permet Sa Majesté audit Rousselle d'établir tels bureaux, & de commettre telles personnes qu'il jugera à propos pour faire la régie & perception desdits droits, & pour exercer, sur ses procurations & commissions, les fonctions des Offices de Conservateurs des hypotheques & des Greffiers expéditionnaires qui sont

néceſſaires ; leſquels Prépoſés ſeront tenus de ſe faire recevoir , & de prêter
ſerment pardevant les Officiers des Bailliages & Sénéchauſſées royales , qui ne
pourront exiger d'eux aucuns frais, pour
raiſon deſdites réceptions & preſtations
de ſerment.

ARTICLE III.

Pourra ledit Rouſſelle ſe ſervir , ſi bon
lui ſemble , pour la régie & recette deſd.
droits , ainſi que pour l'exercice des
fonctions deſdits Offices, des Directeurs
& Employés de la Ferme des Domaines,
ou autres Commis des Fermes de Sa Majeſté , leſquels ſeront tenus de s'en charger à la premiere réquiſition dudit Rouſſelle , ſans qu'ils puiſſent , ſous aucun
prétexte , ni pour quelque motif que ce
ſoit , le refuſer & s'en diſpenſer , ſous
peine de déſobéiſſance , ni prétendre
d'autres appointements ou remiſes , que
ceux qui ſeront fixés par Sa Majeſté ,
& dont , en cas de conteſtation , Sa
Majeſté ſe reſerve à Elle & à ſon Conſeil la connoiſſance , icelle interdiſant
à toutes ſes autres Cours & Juges.

ARTICLE IV.

Diſpenſe Sa Majeſté les Commis de
ſes Fermes , qui pourront être employés
par ledit Rouſſelle à la perception deſd.

droits , & qui auront déja prêté ferment pour les fonctions de leurs emplois , en quelque Jurifdiction que ce foit , même devant les Intendants & Commiffaires départis dans les Provinces , d'en prêter un nouveau ; veut Sa Majefté qu'en ce cas ils puiffent exercer toutes fonctions , & faire tous actes concernant la régie, en vertu des procurations & commiffions dudit Rouffelle , qui feront feulement enrégiftrées fans frais aux Greffes de nos Bailliages & Jurifdictions royales ; & que tous Commis & autres Prépofés par ledit Rouffelle, jouiffent des mêmes privileges , exemptions & prérogatives accordés aux Commis de nos Fermes.

ARTICLE V.

Ordonne Sa Majefté que tous les Receveurs & Prépofés à la recette & perception defdits droits , feront tenus de fournir audit Rouffelle , dans le délai qui leur fera prefcrit , un cautionnement bon & folvable en biens-fonds , de la valeur qui fera fixée par Sa Majefté , pour fûreté & garantie de leur geftion & maniement, à peine de deftitution ; & que ceux defdits Receveurs & Prépofés qui feront en retard de vuider leurs mains des deniers qu'ils auront reçus

pour ladite régie , de rendre leurs comptes aux échéances de chacune année,
& d'en folder les débets , y feront contraints par toutes voies dues & raifon-
nables , même par corps , comme pour
deniers & affaires de Sa Majefté , en vertu des contraintes qui feront décernées
par ledit Rouffelle , ou fes fondés de
procuration ; ce qui aura pareillement
lieu à l'égard des redevables qui feroient
en retard de payer , & à qui il auroit été
fait crédit des droits.

ARTICLE VI.

Les contraintes qui auront été décernées par les Directeurs ou Prépofés dud.
Rouffelle , ne pourront être exécutées ,
qu'au préalable elles n'aient été vifées
par un Officier du Bailliage , qui fera
tenu de le faire à l'inftant qu'elles lui feront préfentées , & fans frais. Veut Sa
Majefté que lefdites contraintes foient
exécutées par provifion, nonobftant toutes oppofitions, lefquelles ne pourront
être reçues , qu'il ne foit juftifié du paiement des fommes pour lefquelles lefdites
contraintes auront été décernées. Fait
Sa Majefté défenfes à tous Juges de
rendre aucunes fentences ou arrêts de
furféance à l'exécution defdites contraintes. Ordonne au furplus que les

arrêts & réglements rendus pour les re-
couvrements des autres droits de Sa
Majesté seront exécutés à l'égard de ceux
ci-dessus énoncés.

ARTICLE VII.

Les commandements, exploits, significations & autres actes quiseront faits
à la requête dudit Rousselle, concernant la régie & recette desdits droits,
seront contrôlés dans la huitaine, non
compris le jour de leur date, & il ne
sera payé pour le contrôle desdits exploits, que trois sols pour tous droits.

ARTICLE VIII.

Ordonne Sa Majesté qu'à compter du
premier juillet 1771, les droits de deux
deniers pour livre, qui seront dûs pour
l'enrégistrement des décrets volontaires, qui étoient commencés au jour de
la publication de l'Edit du mois de juin
dernier, & dont Sa Majesté a permis la
suite & perfection par l'article XXXVII
dudit Edit, seront payés entre les mains
dudit Rousselle, ses Commis ou Préposés. Fait Sa Majesté défenses au Fermier
général de ses droits, de les exiger &
percevoir, à peine de restitution.

ARTICLE IX.

Permet Sa Majesté audit Rousselle,
ses Commis ou Prépofés, de prendre

dans les bureaux de contrôle des actes ;
toutes fois & quantes, & sans déplacer, communication des regiſtres de
centieme denier, d'inſinuation, même
de ceux de contrôle ; dérogeaut, quant
à ce, aux diſpoſitions des réglements,
qui en interdiſent la communication,
sans une ordonnance des Juges. Enjoint Sa Majeſté aux Commis du contrôle, & autres dépoſitaires deſdits re-
giſtres, de les leur communiquer à la
premiere réquiſition, & sans aucun retardement.

ARTICLE X.

Veut Sa Majeſté que les conteſtations
qui pourront naître ſur l'exécution des
Edits des mois de février & juin derniers, & du préſent Arrêt, circonſtances & dépendances, ſoient portées en
premiere inſtance devant les Officiers de
nos Bailliages & Sénéchauſſées royales,
& par appel aux Parlements & Conſeils
ſouverains d'où ils reſſortiront, auxquels
S. M. enjoint de tenir la main à l'exécution du préſent Arrêt, ſur lequel toutes
Lettres Patentes néceſſaires feront expédiées. Fait au Conſeil d'Etat du Roi, Sa
Majeſté y étant, tenu à Verſailles, le
ſept juillet mil ſept cent ſoixante-onze.

Signé PHELYPEAUX.

DÉCLARATION
DU ROI,

En interprétation de l'Edit du mois de Juin 1771, concernant les Hypotheques.

Donnée à Versailles le 23 Novembre 1771.

Regiſtrée au Parlement le 5 Août 1773.

LOUIS, par la grace de Dieu, Roi de France & de Navarre, Dauphin de Viennois, Comte de Valentinois & Diois : A tous ceux qui ces préſentes Lettres verront ; SALUT. Par notre Edit du mois de juin dernier, Nous avons abrogé l'uſage des décrets volontaires, & créé dans chacun de nos Bailliages & Sénéchauſſées une Chancellerie, à l'effet ſeulement de ſceller les lettres de ratification, qui ſeront obtenues ſur les contrats de vente, & autres actes tranſlatifs de propriété. Nous avons également-ment créé, près ces Chancelleries, des offices de Gardes des ſceaux, de Conſervateurs des hypotheques & des Greffiers expéditionnaires ; & Nous avons

ordonné que les lettres de ratification
feront expédiées & fcellées, favoir,
pour les immeubles réels & rentes foncieres, dans les Chancelleries près les
Bailliages ou Sénéchaufsées, dans le reffort defquelles ils fe trouveront fitués,
& pour les immeubles fiétifs, dans celles des Bailliages ou Sénéchaufsées dans
le reffort defquelles les vendeurs feront
domiciliés. En donnant à nos Sujets
des moyens plus sûrs & plus faciles pour
conferver leurs hypotheques, Nous n'a-
vions pas cru devoir laifser la liberté de
prendre des lettres de ratification dans
toutes les Jurifdiétions; parce que cette
liberté auroit été fujette à plufieurs inconvéniens, & facilité en bien des oc-
cafions les moyens d'en dérober la con-
noifsance. Mais notre intention n'a pas
été de la reftraindre aux feuls Bailliages & Sénéchaufsées, & d'en priver celles de nos Jurifdiétions qui reffortifsent
nuement à nos Cours, près defquelles il
eft établi des bureaux pour les infinuations des donations, en conformité de
notre Déclaration du 17 février 1731.
L'objet de cette Déclaration étant le
même que celui que nous nous fommes
propofé par notre Edit du mois de juin
dernier, elle devoit néceffairement fer-

vir de bafe & de regle pour l'établiſſement des Chancelleries créées par notre
Edit. Cependant Nous ſommes informé
qu'il s'eſt élevé des conteſtations entre
pluſieurs de nos Sieges, ſur le fondement,
que notre Edit ne portant création de
Chancelleries, que dans nos Bailliages
& Sénéchauſſées, il n'en peut être établi dans les autres Juriſdictions royales, quoiqu'elles reſſortiſſent nuement
en nos Cours, ce qui arrête en partie
l'exécution de notre Edit. Comme il eſt
inſtant de faire ceſſer ces conteſtations,
& de faire jouir nos Sujets des facilités
que Nous avons en vue de leur procurer, Nous avons jugé néceſſaire d'ex-
pliquer nos intentions à cet égard, &
de fixer d'une maniere préciſe les Juriſdictions où il doit être établi des
Chancelleries pour le ſceau des lettres
de ratification. A CES CAUSES, & autres
à ce nous mouvant, de l'avis de notre
Conſeil, & de notre certaine ſcience,
pleine puiſſance & autorité royale, Nous
avons dit, déclaré & ordonné, & par
ces Préſentes, ſignées de notre main,
diſons, déclarons & ordonnons, voulons & nous plaît ce qui ſuit :

ARTICLE PREMIER.

Notre Edit du mois de juin dernier

sera exécuté selon sa forme & teneur ;
& en interprétant en tant que de besoin, les articles I & II dudit Edit, ordonnons qu'il sera établi des Chancelleries, à l'effet seulement de sceller les
lettres de ratification qui seront obtenues sur les contrats de vente & autres
actes translatifs de propriété, dans chacun des Sieges royaux ressortissants nuement à nos Cours, sans aucune exception, de même que dans les Bailliages &
Sénéchaussées.

ARTICLE II.

Voulons qu'il soit pareillement établi, dans chacun desdits Sieges royaux,
des Conservateurs des hypotheques &
des Greffiers expéditionnaires des lettres de ratification.

ARTICLE III.

Les offices des Gardes des sceaux près
lesdits Sieges royaux, seront unis au
corps des Officiers desdits Sieges, auxquels nous faisons don & remise de la
finance desdits offices, & seront les dispositions de l'article III de notredit
Edit, quant à l'exercice & du partage
du produit des émoluments desdits offices, exécutées suivant leur forme &
teneur.

ARTICLE

ARTICLE IV.

Ordonnons qu'en conformité de nos lettres patentes du 7 juillet dernier, il sera sursis à la vente des offices de Conservateurs des hypotheques & des Greffiers expéditionnaires près lesdits Sieges, dont les droits seront perçus à notre profit par ceux qui seront préposés à cet effet, conformément au tarif annexé à notre Edit du mois de juin dernier.

ARTICLE V.

Voulons que ce qui est ordonné par les articles VIII & XII de notredit Edit, relativement au dépôt des contrats & à la situation des biens dans le ressort des différents Sieges, ait son exécution à l'égard des Chancelleries qui seront établies près les Jurisdictions royales ressortissantes nuement à nos Cours, de même que pour celles établies près nos Bailliages & Sénéchaussées ; & en interprétant, en tant que de besoin, l'article VIII, ordonnons qu'il sera payé par les acquéreurs aux Greffiers de Bailliages, Sénéchaussées & autres Jurisdictions royales, vingt sols seulement, tant pour le dépôt que pour l'extrait de chaque contrat de vente ou autre acte translatif de propriété.

Y

ARTICLE VI.

Les droits fixés par le tarif annexé à notre Edit du mois de juin dernier seront payés entre les mains des Conservateurs des hypothèques, établis près les Chancelleries des Jurisdictions royales, ainsi qu'il est énoncé audit tarif. Voulons que pour l'enregistrement des significations des nouvelles élections de domiciles ordonnées par l'article XXII de notredit Edit, & non exprimées audit tarif, il soit payé les mêmes droits que pour celui des mains levées d'oppositions. Si donnons en mandement à nos amés & féaux Conseillers, les Gens tenants notre Cour de Parlement à Grenoble, que ces Présentes ils aient à faire lire, publier & registrer, & le contenu en icelles garder, observer & exécuter selon sa forme & teneur, aux copies desquelles, collationnées par l'un de nos amés & féaux Conseillers-Secrétaires, voulons que foi soit ajoutée comme à l'original. CAR TEL EST NOTRE PLAISIR ; en témoin de quoi nous avons fait mettre notre scel à cesdites Présentes. Donné à Versailles le vingt-quatrieme jour du mois de novembre mil sept cent soixante-onze, & de notre regne le cinquante-septieme. *Signé*, LOUIS.

TARIF des droits qui se percevront pour la la conservation des Hypotheques sur les rentes constituées par les particuliers & sur leurs immeubles, & de ceux qui seront levés sur les lettres de ratification, qui purgeront ces Hypotheques, SAVOIR:

Il sera perçu sur le prix de toutes les ventes, sur lesquelles il sera pris des lettres de ratification, deux deniers pour livre, comme sur les décrets volontaires.

Il sera payé en outre six sols par cent livre du prix de chaque vente d'immeubles réels ou fictifs; & si dans le prix d'une vente il se trouve une fraction de cent livres, il ne sera perçu, à cause de ladite fraction, que trois sols, si elle est au dessous de cinquante livres, & six sols, si elle est au dessus.

Sur ces six sols, Sa majesté en abandonne trois aux Officiers des Chancelleries, qui seront partagés de la maniere suivante.

SAVOIR:

Au Garde des sceaux de chaque Chancellerie ou autres Officiers, en faisant les fonctions, six deniers, ci, ... 6 d.

6 d.

Y 2

De l'autre part, . . . 6 d.

Au Greffier, pour la signature des lettres, un sol, ci, ... 1 f.

Aux Conservateurs des hypotheques, pour vérification d'opposition, avant de présenter au sceau les lettres de ratification, un sol six deniers, ci, . . 1 f. 6 d.

3 f.

Outre ces droits, Sa Majesté accorde au Garde des sceaux de chaque Chancellerie, par lettres de ratification qui seront scellées, dix sols, ci, ... 10 f.

Au Greffier, pour la signature, dix sols, ci, ... 10 f.

Aux Conservateurs des hypotheques, pour l'expédition, enregistrement & rapport de chaque lettre de ratification, trente sols, ci, 1 l. 10 f.

2 l. 10 f.

ci-contre , . . 2 l. 10 f.

Au Scelleur & Chauf-
fe-cire de chaque Chan-
cellerie ou Gens en fai-
fant les fonctions , à la
charge de fournir la
cire des lettres , fix
fols , ci , : . . . 6 f.

Total des droits fixés
à payer pour chaque
lettre de ratification ,
indépendamment du
papier & parchemin
timbré. . . . . . 2 l. 16 f.

Les lettres de ratification feront expédiées en parchemin , & la minute fur
papier marqué , ainfi & de la maniere
que toutes autres lettres de Chancellerie.

Ne pourront les Officiers des Chancelleries prendre ni percevoir aucun autre droit , fous prétexte d'expédition
ou falaire de leurs Commis , à peine de
reftitution , & de cent cinquante livres
d'amende.

Les droits pour la réception au fceau
des lettres de ratification , feront payés
à raifon de trois livres par oppofition ,
lefquelles ne périront qu'au bout de trois
ans.

Il sera payé pour main-levée de chaque opposition, vingt-quatre sols.

Pareil droit de vingt-quatre sols par extrait de chaque opposition subsistante.

Se reserve Sa Majesté le sixieme de ces droits, & en abandonne le surplus aux Conservateurs des hypotheques.

Les oppositions, main-levées, & extraits d'icelles seront expédiés sur papier timbré.

Veut Sa Majesté que les Officiers des Chancelleries & Conservateurs des hypotheques marquent sur les lettres de ratification, sur les oppositions & sur les mains levées & extraits d'icelles les droits qu'ils auront reçus.

Les droits de deux deniers pour livre, ceux de trois sols par cent livres, du sixieme des oppositions, main-levées & extraits d'icelles, réservés à Sa Majesté, seront payés entre les mains des Conservateurs des hypotheques, qui en compteront mois par mois à Sa Majesté, ainsi & de la maniere qu'il sera par Elle ordonné.

Fait & arrêté au Conseil d'État du Roi, Sa Majesté y étant, tenu à Versailles le deuxime jour du mois de juin mil sept cent soixante-onze. *Signé*, Phelipeaux.

Formulaire des oppositions & des procédures qui se font, depuis l'opposition, jusqu'à la distribution du prix.

OPPOSITION.

L'An mil sept cent quatre-vingt-deux, & le . . . jour de . . . avant ou après midi, à la requête de . . . bourgeois, demeurant à . . . . . lequel a élu domicile en cette Ville de . . . . en la maison de Me. . . . . qu'il constitue pour son Procureur, je, &c. soussigné, ai signifié & déclaré à MM. les Officiers du Bailliage royal de . . . Gardes des sceaux de la Chancellerie établie près ledit Bailliage, en la personne de Me. . . . Conservateur des Hypotheques sur les immeubles réels & fictifs, dans l'étendue dudit Bailliage, en son bureau, sis en cette Ville de . . . Paroisse de . . . en parlant à . . . que ledit est opposant, & s'oppose à ce qu'aucunes lettres de ratification ne soient expédiées, ni scellées au profit de qui que ce soit, sur contrat de vente, échange ou autres actes translatifs de propriété, qui peuvent avoir été faits, ou qui pourront l'être par . . . . la-

boureur, ou , &c. demeurant à . . . Paroiffe de . . . des immeubles réels & fictifs, fitués dans le reffort du Bailliage de cette Ville de . . . finon, à la charge que, fur le prix defdits immeubles , ledit . . . oppofant , fera payé des fommes principales , arrérages , intérêts , frais & mife d'exécution , dépens & loyaux coûts à lui dûs par ledit . . . & en outre, pour être confervé en tous droits , noms , raifons & actions , garanties , fervitudes , privileges & hypotheques , pour caufes & moyens à déduire ; & ai audit Me. . . . Confervateur defdites hypotheques , parlant comme deffus , laiffé copie des Préfentes , & lui ai payé trois livres pour fon droit d'enregiftrement , lefdits jour & an.

Nota. Il n'eft pas néceffaire d'énoncer le titre en vertu duquel l'on forme l'oppofition, ni de détailler en quoi confifte la créance & droits pour lefquels l'on forme l'oppofition , l'Edit ne l'exige pas ; il fuffit d'annoncer qu'on eft créancier privilégié ou hypothécaire , ou qu'on a des actions en garantie fur les immeubles de tel.

Il ne fuffit pas que l'huiffier ait fait une pareille oppofition , il faut encore qu'elle foit vifée par le Confervateur. Ce *vifa* fe fe fait en cette forme. *Vu & enregiſtré au bureau des hypotheques, au vol.... n°.... ledit jour... 17.. avant ou après midi, tel ſigné.*

On met ce *viſa*, tant à la copie qui reſte au Conſervateur, qu'à l'original que garde l'oppoſant ; s'il vient à le perdre, il peut en prendre un extrait du regiſtre, aux terme de l'art. XXIV ci-deſſus, page 199, lequel veut que le Conſervateur ſoit tenu de délivrer cet extrait des oppoſitions, qu'il a ſur ſon regiſtre, lorſqu'il en eſt requis, & d'y coter le jour de la date des oppoſitions du regiſtre, ainſi que le feuillet où elles ont été enregiſtrées.

S'il ne ſe fait pas de vente dans les trois années, pour procurer le paiement de la créance dûe, il faut que l'oppoſition ſoit renouvellée, comme nous l'avons établi ailleurs ; ces trois ans doivent néanmoins être francs, de ſorte qu'on ne doit, ni compter le jour que l'oppoſition a été formée, ni celui que le temps échoit.

Si les biens auxquels on a formé oppoſition viennent à être ſaiſis réellement, l'oppoſant qui n'a que des hypotheques à conſerver, n'a rien à craindre pendant les trois années, puiſque celui qui pourfuit la faifie réelle doit la lui dénoncer.

Modele de cette dénonciation.

L'An, &c. . . . . avant ou après midi, à la requête de . . lequel a élu domicile en fa maifon, & conflitue Me. . . . je . . . . me fuis tranfporté au domicile de . . . . Procureur au Bailliage de . . . chez lequel M. . . . . oppofant aux hypotheques a élu domicile, & en parlant à . . . . . j'ai dénoncé & baillé copie de la faifie réelle, que ledit inftant a fait faire, comme des biens de . . . aux fins qu'il ne l'ignore ; en conféquence j'ai fommé ledit d'enchérir, fi bon lui femble, lefdits biens, de rapporter fes titres de créance, pour être procédé à l'ordre ; lui déclarant, qu'à faute de ce faire, il y fera procédé, tant en abfence, que préfence ; & afin qu'il ne l'ignore, je lui ai laiffé copie, tant de ladite faifie, que du préfent exploit, en parlant comme deffus.

Nota. L'Edit n'exige que la dénonciation de la faifie, il feroit donc inutile de donner copie des titres de créances & autres pourfuites.

S'il y a quelque créanciers qui veuille

enchérir les biens qui ont été vendus ,
il se présente à l'hôtel de M. le Lieutenant-Général , ou autre premier Officier , & fait dresser acte de son enchere ,
& de ce qu'il s'oppose à la remise du
contrat , jusqu'à ce qu'il ait été statué
sur son enchere , & il déclare qu'il présente tel . . . pour sa caution , laquelle
doit être reçue en la maniere ordinaire.

Si l'acquéreur ne fait pas signifier qu'il
offre de garder les biens au prix qu'on
les a mis , l'enchérisseur présente requête
pour demander acte de sa sur-enchere ,
laquelle sera déclarée valable ; en conséquence , & attendu qu'il est créancier
de celui qui a vendu l'immeuble enchéri,
que ledit immeuble lui sera adjugé pour
le prix de sa sur-enchere ; si mieux n'ai-
me l'acquéreur déclarer qu'il se charge
de l'immeuble, pour ledit prix , ce qu'il
sera tenu de faire dans le jour , sinon
déchu , & le greffier tenu de remettre
le contrat d'acquisition au dernier enchérisseur , & en ce faisant , déchargé ;
sur lequel contrat & sur la sentence à
intervenir , ledit enchérisseur sera autorisé à se faire délivrer des lettres de
ratification.

Sur cela , l'on obtient sentence conforme. Nous avons dit ailleurs que l'ac-

quéreur ne feroient pas autorifé à in-
terjeter appel d'une pareille fentence , &
d'offrir de tenir l'enchere ; parce qu'il
en eft de cela comme d'une vente faite
par décret forcé. La partie faifie ne peut
fe pourvoir par appel, fous prétexte que
les fonds valent plus ; un pareil moyen
n'eft pas écouté, il n'y a que le défaut
de forme que la partie faifie puiffe faire
valoir, jufques-là, qu'on n'a nul égard,
quand même la chofe vendue , d'autorité de juftice , vaudroit au - delà du
double.

Modele de Lettre de ratification.

L OUIS . . . . . SALUT. Pierre Blon-
deau , bourgeois du lieu & Paroiffe
de . . . Nous a fait expofer que par contrat
du . . . paffé devant Notaire , il a acquis
de Guillaume . . . . laboureur du lieu
de . . . . un pré appellé de . . . fitué
dans les appartenances de . . . qui fe con-
fine du levant . . . du midi . . . du cou-
chant . . . du feptentrion . . . . moyen-
nant la fomme de . . . & autres charges por-
tées par ledit contrat ; pour en jouir en toute
propriété , fes hoirs & ayant caufe , comme
de chofe à lui apprrtenante , à compter du
jour de . . . lequel fonds appartient au

vendeur . . . ainſi qu'il eſt plus au long
énoncé dans ledit . . . & pour par l'expoſant jouir dudit fonds , s'en mettre en
poſſeſſion , & en purger les hypotheques ,
ſuivant & conformément à notre Edit du
mois de juin 1771 , a été expoſé pendant
deux mois à l'auditoire du Bailliage de . . .
& l'expoſant nous a très-humblement fait
ſupplier de vouloir bien lui accorder nos
lettres ſur ce néceſſaires. *A CES CAUSES ,*
de l'avis de notre Conſeil, qui a vu . . .
& autres pieces ci-attachées , ſous le contre-
ſcel , de notre Chancellerie , Nous avons
ratifié ledit contrat ; voulons qu'il ſoit éxé-
cuté ſelon ſa forme & teneur ; ce faiſant ,
que ledit expoſant , ſes hoirs , & ayant
cauſe , ſoient & demeurent propriétaires incommutables dudit . . . circonſtances &
dépendances , en jouiſſe & diſpoſe comme
de choſe à lui appartenante , purgée de
tous privileges & hypotheques , ſuivant
& conformément à notre Edit du mois de
juin 1771.

MANDONS à nos amés , Conſeillers en
notre Chancellerie , près le Bailliage de . . .
qu'ils aient à faire jouir l'expoſant de l'effet
des Préſentes : *CAR TEL EST NOTRE PLAI-*
SIR ; en témoins de quoi Nous avons fait
mettre notre Scel à ceſdites Préſentes. *DONNÉ*

à . . . l'an de grace mil sept cent quatre-
vingt-deux, & de notre regne le . . .

Sur le replis des lettres ou en marge,
le Conservateur doit faire mention des
oppositions subsistantes ; auquel cas les
lettres ne font scellées qu'à la charge
des oppositions, lesquelles ont alors
l'effet de conserver le droit pour plu de
trois ans. *Voyez ce que j'en ai dit sur l'art.*
XXVI. Au lieu de mettre qu'il y a telle
opposition subsistante, l'on se contente de dire qu'il y a des oppositions, ce
qui n'est pas remplir les vues de l'Édit.

Les droits de deux deniers pour livre,
& de trois sous pour cent livres, dont
est fait mention dans le tarif, doivent
être payés avant le sceau des lettres.

Après les lettres obtenues, les créanciers opposants peuvent contraindre,
comme je l'ai observé ailleurs, l'acquéreur à consigner le prix, pour être distribué entre les créanciers opposants,
& il doit faire cette consignation, nonobstant que le contrat de vente porte
des délais, ils ne font d'aucune consi-
dération.

S'il a été convenu que le prix ne
sera payé qu'après les lettres scellées,
l'acquéreur, s'il veut se mettre à l'abri

du paiement des intérêts , & prévenir les pourfuites de la part des oppofants , au cas qu'il y en ait , doit faire des offres au vendeur du prix , à la charge de rapporter main levée des oppofitions , & fi le vendeur ne rapporte pas la main-levée , il doit configner la fomme dont il eft débiteur.

Pour éviter cette confignation, le vendeur & les oppofants peuvent entr'eux faire une diftribution devant Notaire , & à l'amiable , du prix de la vente , & le vendeur déléguer aux oppofants ce qui doit leur revenir , fuivant l'ordre & convention faite à l'amiable.

Si quelqu'un des oppofants refufe de procéder à l'ordre , à l'amiable , alors on le fait faire en juftice.

Il eft inutile de faire des écritures pour parvenir à cet ordre , il fuffit de remettre les titres de créances entre les mains des Juges.

Pour parvenir à l'ordre en juftice , celui des oppofants qui veut faire la pourfuite , prend chez le Confervateur des hypotheques un extrait des oppofitions, & fait enfuite affigner tous les oppofants , & fait enfuite affigner tous les oppofans , *pour voir dire qu'à fa requête , pourfuite & diligence , il fera procédé à l'a-*

*miable, si faire se peut, devant Notaire ;
sinon en justice*, devant Messieurs les Officiers du Bailliage de . . . à l'ordre &
distribution du prix provenu de telle
vente, pour & en outre répondre &
procéder, comme de raison, à fin de
dépens, desquels en tout événement,
le demandeur sera remboursé, par privilege & préférence à tous créanciers,
comme frais ordinaires & de Justice.

F I N.

TABLE
DES MATIERES.

A

C

D

E

F

L

De

M

N

O

T

V

Fin de la Table des Matieres.

DÉCLARATION
DU ROI,

QUI accordent des encouragements à ceux qui défrichent les Landes & Terres incultes.

Donnée à Compiegne le 13 Août 1766.

Enregistrée au Parlement de Paris le 22 du même mois.

LOUIS, par la grace de Dieu, Roi de France & de Navarre : A tous ceux qui ces présentes Lettres verront ; SALUT. Par notre Déclaration du 14 juin 1764, Nous avons, à l'exemple des Rois, nos prédécesseurs, donné des marques de notre protection à ceux qui ont entrepris ou entreprendront par la suite le desséchement des marais, palus & terres inondées dans notre Royaume, en leur accordant l'exemption des dîmes & celle de la taille & autres impositions, pendant un certain nombre d'années : Nous croyons devoir la même justice à ceux qui entreprennent les défrichements des terres incultes, & Nous nous y portons d'autant plus volontiers, que plusieurs familles étrangeres désireroient se livrer à ces sortes de travaux , & se fixer dans notre Royaume , si Nous voulions les faire participer aux avantages dont jouissent nos propres Sujets. A CES CAUSES , & autres à ce Nous mouvant , de l'avis de notre Conseil & de notre certaine science , pleine puissance & autorité Royale , nous avons dit , déclaré & ordonné , & par ces Présentes, signées de notre main , disons , déclarons & ordonnons, voulons & Nous plaît ce qui suit :

ARTICLE PREMIER.

Les terres , de quelque qualité & espece qu'elles soient, qui depuis quarante ans , suivant la notoriété publique des lieux , n'auront donné aucune récolte , seront réputées terres incultes.

Dans tous les temps le Gouvernement s'est occupé de l'amélioration de l'agriculture , & il a accordé différens privileges à ceux qui s'en occupent , & notamment , lorsqu'ils mettent en valeur des terres abandonnées ou submergées par les eaux.

La Déclaration du 13 août 1766 , que nous expliquons , en est une preuve , quoiqu'elle ne soit que la suite d'autres Déclarations rendues aux mêmes fins ; comme celle du 14 juin 1764 , qui permet & favorise le desséchement des marais , palus & terres inondées , pour les mettre en valeur. Il y avoit long-temps qu'on avoit en vue

les

les défrichements des terres incultes , ou deve-
nues telles par l'abandon des possesseurs , ou soit
qu'elles n'eussent jamais été cultivées. Tel fut
l'objet de la Déclaration de 1766 , & de l'Arrêt
du Conseil , du 2 octobre suivant , donnés pour
tout le Royaume.

Le Languedoc ayant des loix particulieres sur
cette matiere ; le feu Roi , avant d'envoyer cette
nouvelle loi au Parlement de Toulouse & à la
Cour des Aides de Montpellier , à l'effet de son
enrégistrement : la fit communiquer aux Etats de
cette Province , lesquels ayant fait des représen-
tations à Sa Majesté , Elle jugea à propos d'accorder (à cette Province) une Déclaration qui réu-
nit les différents avantages qu'on avoit déja
éprouvés ailleurs , de celle de 1766 ; c'est ce
qu'on lit dans le préambule de la Déclaration du
5 juillet 1770 , donnée pour la Province du Languedoc.

L'objet des Réglements dont nous venons de
parler , est de ne laisser , autant qu'il est possible , aucune terre inculte ; pour y parvenir , on
accorde aux adjudicataires des biens abandonnés
par acte , ou cessation de culture , les exemptions
de la dîme , & tous les autres privileges , portés
par les articles II , III , IV & V de ladite Déclaration , en faveur de ceux qui entreprennent les
dessechements des terres inondées , ou pour tirer
tous les terreins , abandonnés ou négligés de l'inu-
tilité où ils sont , & les employer au genre de
culture , auquel ils peuvent être propres , & en
faire profiter l'Etat. Cela est expressément dit dans
les préambules des Déclarations rendues à ce sujet.

Quelles sont les terres incultes , dont le défrichement doit emporter les exemptions accordées ?

L'article que nous expliquons dit , toutes les
terres , de quelque qualité & espece qu'elles soient,

qui depuis 40 *ans , suivant la notoriété publique
des lieux , n'auront donné aucune récolte , seront réputées terres incultes.*

C'est à cette nature , à cette qualité de terre que
la loi accorde l'exemption de la dîme ; il suffit ,
aux termes de la loi , qu'une terre soit restée en
friche pendant quarante ans , pour être réputée
inculte , soit qu'elle eût produit anciennement ,
soit qu'elle n'ait jamais produit ; c'est ce que les
Etats du Languedoc ont appris à tous les habitants de leur Province , par l'instruction qu'ils ont
jointe en 1775 , au texte de la Déclaration du Roi,
faite pour leur Pays en 1770 , qui a été envoyée,
à la diligence de MM. les Syndics généraux , dans
toutes les Communautés , en conséquence d'une
délibération des Etats. On y lit » que parmi les
» terres abandonnées , ou qui sont présumées tel-
» les , il y en a sans doute , dont l'abandon re-
» monte à plus de quarante ans , on doit les com-
» prendre dans les dispositions de l'article pre-
» mier de la Déclaration , & les mettre au rang
» des garigues , des bois & communaux , dont
» on peut dire que les habitants des Communau-
» tés ont acquis la propriété , tant par la posses-
» sion qu'ils en ont eu pendant un si long-temps,
» qu'à raison de la taille qu'ils en ont supportée ,
» qui absorbe plusieurs fois la valeur du fonds. »

C'est à la seule inculture , pendant quarante
ans , que sont accordées les exemptions. Si l'on
avoit retiré d'un terrein une récolte depuis moins
de quarante ans , si petite qu'elle fût , le terrein
devroit la dîme.

On demande si un terrein qui sert de pacage pour
les bestiaux depuis plus de quarante ans , s'il est
défriché , doit-il être considéré comme terre inculte , pour jouir des exemptions de la dîme ?

A s'en tenir aux termes de la Déclaration de

1756, nul doute qu'on ne doive regarder comme
tel un pareil terrein, puisque toute terre qui n'a
pas produit de *récolte* de quarante ans, est dans
ce cas. Or, par récolte, l'on entend, non un
pacage, mais la dépouille des fruits de la terre,
comme grains, foins, vin & autres fruits qu'on
cueillit.

Cependant, comme on met souvent en pacage
des fonds qui produiroient annuellement des
fruits, s'ils étoient conservés; certains Siéges ont
cru qu'il ne suffisoit pas que le public attestât que de
quarante ans l'on n'avoit pas vu faire de récoltes
dans tel héritage; (c'est-à-dire . faucher du foin,
ou moissonner des gerbes;) qu'il falloit qu'il ne
fut pas de nature à en produire; en conséquence,
quand le cas s'est présenté, l'on a ordonné des
vérifications d'Experts; lorsqu'il a résulté de leur
rapport, que, si l'on eût fait pacager tel héritage,
l'on y auroit fait, ou pu faire, une espece de récolte en foin, quoique très-médiocre; l'on a décidé qu'il n'y avoit pas lieu à l'exemption de la
dîme, & qu'on ne devoit pas regarder cela comme
terre inculte.

Que doit-on dire des défriches faites dans les
communaux? S'il étoit permis de défricher les
communaux, nul doute qu'ils ne fussent dans le
cas de l'exemption; mais comme il est défendu, à
peine d'amende, d'y faire aucun défrichement,
(suivant les réglements cités par l'Auteur du Traité des Communaux, page 54) un pareil terrein
ne pouvant être mis en valeur pour produire des
recoltes, l'exemption ne peut s'y appliquer, à
moins que la Communauté ne délibérât de le mettre en valeur, en totalité ou en partie, pendant
au moins quinze ans.

Le Parlement de Provence ayant prévu les difficultés qui pourroient s'élever, à raison des défri-

chemens des communaux, ordonna par Arrêt du
5 juin 1769, que lorsque les Communautés voudroient disposer de leurs communs & terres incultes, pour les mettre en valeur, elles ne pourroient le faire, qu'après avoir délibéré s'il est plus
utile de mettre lesdits communaux, en tout ou en
partie, en défriche, ou de les laisser en nature
de commun ; d'où il suit que si la Communauté
délibere de mettre partie des communs en nature
de terrein à produire des récoltes, alors l'exemption doit avoir lieu ; tandis que si un simple particulier fait des défrichements dans les communs,
sans permission de la Communauté, contrevenant
aux défenses qu'il y a de défricher les communs,
cela ne peut lui procurer l'exemption de la dîme.

Le Parlement de Besançon a rendu, le 27 Janvier 1769, un Arrêt conforme à celui du Parlement d'Aix.

Si l'on mettoit un commun en valeur, il ne seroit exempt de la dîme, qu'autant ; 1°. qu'on n'y
auroit cueilli aucune récolte depuis quarante ans ;
2°. qu'il ne seroit pas de nature à y faire du foin,
si l'on ne l'eût point fait pacager.

ARTICLE II.

Tous ceux qui voudront défricher ou
faire défricher des terres incultes, & les
mettre en valeur, de quelque maniere
que ce soit, seront tenus, pour jouir des
privileges qui leur seront ci-après accordés, de déclarer au greffe de la Justice
Royale des lieux, & à celui de l'Election, la qualité desdites terres, avec
leurs tenans & aboutissans : il sera par
eux payé dix sols à chacun des Greffiers,

pour l'enregiftrement de leur déclaration. Permettons auffi à ceux qui auront entrepris lefdits défrichements, depuis le premier janvier 1762, de faire les mêmes déclarations dans le délai de trois mois, à compter de l'enregiftrement de notre préfente Déclaration, à l'effet de jouir des privileges ci-après accordés.

L'on ne doit pas induire des mots, *tous ceux qui voudront défricher*, qu'il foit permis à chaque particulier d'aller travailler, foit dans les terres d'autrui, foit dans les communaux. Il faut être propriétaire du terrein, ou avoir le confentement du propriétaire ; c'eft par ce motif qu'on autorife à affermer un pareil terrein pour plus de neuf ans, fans payer ni lods, ni infinuation, ni franc-fief ; auffi le Parlement de Paris, en enregiftrant cette loi, mit, *à la charge qu'il ne pourra être entrepris aucun défrichement, que du gré, confentement ou conceffion des propriétaires des terreins incultes, ou des Seigneurs, à l'égard des terres abandonnées.*

Le Parlement d'Aix, par Arrêt du 5 juin 1769, fit défenfes, fous telles peines que de droit, à toutes fortes de perfonnes, autres que les propriétaires, d'entreprendre de défricher dans les terres incultes.

Pour pouvoir profiter des privileges accordés par la préfente Déclaration, il ne fuffit pas de défricher dans un terrein qui, de notoriété publique, n'ait rien produit de quarante ans ; il faut de plus, avant commencer le défrichement, avoir fait les déclarations & publications prefcrites par ladite Déclaration, & en la forme qu'elle ordonne; c'eft ce qui réfulte de fon efprit & des termes de l'article III ci-après, qui porte : *ceux qui voudront entreprendre lesdits défrichements, seront*, &c. ce qui suppose qu'il faut commencer par-là. Je l'ai vu ainsi juger en arbitrage, & que la déclaration faite, après le défrichement commencé, ne pouvoit rien opérer. L'article ci-dessus y est d'ailleurs précis.

Que doit-on dire, si le propriétaire n'avoit fait de déclaration qu'au Greffe du Bailliage royal, & non en l'Election ? pourroit-il jouir de l'exemption de la dîme, sauf à payer la taille, s'il n'en étoit pas exempt ?

Je pense qu'il faudroit décider que l'exemption de la dîme devroit avoir lieu ; la loi accorde deux privileges à ceux qui défrichent les terres incultes, l'exemption de la dîme & de la taille ; ceux qui ne sont pas sujets à la taille, comme les privilégiés qui font valoir des domaines par valets & domestiques ; s'ils ne payent pas la taille, je ne crois pas qu'ils aient besoin de faire de déclaration au Greffe de l'Election, pour jouir du privilege de l'exemption de la dîme, parce que ce sont des privileges distincts & séparés.

Vice versâ, pour jouir de l'exemption de la taille & dîme, il doit suffire de faire la déclaration au Greffe de l'Election, sans qu'on ait besoin d'en faire au Greffe du Bailliage royal, si l'on n'a pas d'intérêt à s'exempter de la dîme, comme si l'on est propriétaire d'un terrein qui en soit exempt, ou qu'on soit abonné.

ARTICLE III.

Pour mettre les Décimateurs, Curés & Habitants à portée de vérifier ladite Déclaration, & à se pourvoir s'il y a lieu ; savoir, les Décimateurs & Curés,

pour raison de la dîme, devant les Juges
ordinaires ; & les Habitants , pour raison
de la taille en l'Election. Ceux qui voudront entreprendre lesdits défrichements,
feront afficher une copie de leur déclaration à la principale porte de l'Eglise pa-
roissiale , à l'issue de la Messe de Paroisse , un jour de Dimanche ou de Fête,
par un Huissier , Sergent ou autre Officier public, requis à cet effet, dont il
sera dressé procès verbal.

Par Juge ordinaire dont parle l'article, il faut
entendre le Juge royal , ceux des Seigneurs ne
connoissant pas des contestations de dîmes.

Comme les Justices royales sont souvent éloi-
gnées du lieu où se fait le défrichement , le Parlement d'Aix mit dans son Arrêt d'enrégistrement
de la loi dont nous parlons , que les déclarations
feroient enrégistrées sans frais au Greffe de la Justice où les biens sont situés.

L'article ci-dessus ne parle pas dans quel delai
le Décimateur ou autres doivent se pourvoir contre ; mais par autre Déclaration du 7 novembre
1775 , il a été ordonné ; » 1°. que les déclara-
» tions de défrichements ordonnés par la Déclara-
» tion du 13 août 1766, qui auront été affichées,
» conformément à icelle, six mois avant l'enré-
» gistrement de la présente Déclaration, ne seront
» plus susceptibles de contradiction , de la part
» des Décimateurs , Curés & Habitants ; si pen-
» dant ledit espace de temps , ils ne se sont point
» pourvus contre lesdites Déclarations. »

» 2°. Que si le procès verbal d'affiche est fait
» dans six mois , antérieurs à la présente Déclara-

» tion, les Décimateurs, Curés & Habitants,
» auront pour se pourvoir contre les déclarations
» de défrichements, le temps qui s'en manquera
» pour parfaire le terme de six mois, à compter
» du jour de l'affiche, après lequel temps ils ne se-
» ront plus reçus à se pourvoir.

» 3°. A l'égard des déclarations de défriche-
» ments, qui seront faites postérieurement à l'en-
» régistrement de la présente Déclaration, les Dé-
» cimateurs, Curés & Habitants auront six mois
» pour les contredire & se pourvoir ; & ce, à
» compter du jour du procès verbal d'affiche, passé
» lequel temps, ils ne seront plus reçus à se pour-
» voir, ni les entrepreneurs de défrichements être
» par eux inquiétés, pour raison de la dîme ou de
» la taille. »

ARTICLE IV.

Les Entrepreneurs des défrichements, les Décimateurs, Curés & Habitants, pourront se faire délivrer, toutes les fois qu'ils le jugeront à propos, des copies de ces déclarations, en payant à celui des Greffiers qui les délivrera deux sols six deniers pour rôle ordinaire. Défendons auxdits Greffiers de percevoir autres & plus grands droits pour raison de l'enregistrement & expédition desdites Déclarations, sous quelque prétexte que ce puisse être, à peine de concussion.

On n'a pas besoin d'obtenir de compulsoire, il suffit de payer les deux sols six deniers par rôle de la déclaration en grosse ; mais outre, il faut payer le papier.

ARTICLE V.

En obſervant les formalités preſcrites
par les articles II & III, ceux qui défricheront leſdites terres incultes, jouiront
pour raiſon de ces terreins, de l'exemption des dîmes, tailles & autres impoſi-
tions généralement quelconques, même
des vingtiemes, tant qu'ils auront cours,
pendant l'eſpace de quinze années, à
compter du mois d'octobre qui ſuivra la
déclaration faite en exécution de l'art.
II. Défendons en conſéquence à tous
Taxateurs, Collecteurs & Aſſéeurs de
les augmenter à la taille, vingtiemes,
tant qu'ils auront cours, & autres im-
ſitions pour raiſon du produit & de
l'exploitation deſdits défrichemens,
pendant ledit eſpace de temps; le tout
néanmoins à la charge par eux de ne
point abandonner la culture des terres
actuellement en valeur, dont ils ſeroient
propriétaiャes, uſufruitiers ou fermiers,
ſous peine de déchéance deſdites exemptions; Nous reſervant au ſurplus de proroger au-delà dudit terme leſditイs exemptions; ſi après avoir entendu les Décimateurs, Curés & Habitants, la nature
& l'importance de ces défrichemens pa-
roiſſent l'exiger.

Il ne ſuffit pas d'avoir obſervé les formalités preſcrites , il faut de plus que ce soit un terrein qui soit dans le cas de l'exemption. *Voyez les observations sur l'article premier.*

Tout terrein qui produit des récoltes en grains a été assujetti au paiement de la dîme. L'article L. de l'Ordonnance de Blois porte ; » ne pourront » les propriétaires & possesseurs des héritages su- » jets à la dîme, dire , proposer & alléguer en ju- » gement ledit droit de dîme n'être dû qu'à la vo- » lonté , ni alléguer prescription ou possession, » autre que celle de droit , en laquelle ne sera » compris le temps qui aura couru pendant les » troubles & hostilités de guerre ; faisant très- » expresses inhibitions & défenses à tous les re- » devables sujets à champart , dîmes & autres » droits , d'exiger aucuns banquets , buvettes , » frais & dépenses de bouche desdits Ecclésiasti- » ques. Déclarons aussi que lesdites dîmes se lé- » veront selon les coutumes des lieux , & de la » cote accoutumée en iceux. »

L'on ne rappelle ceci que pour en conclure que la loi de l'assujettissement est si dispositive , si pré- cise & si universelle , que ceux qui prétendent s'y soustraire par la voie de l'exemption , ne le peu- vent sans une disposition , telle qu'elle est nécessai- re pour établir le privilege contre la loi générale.

La condition de ne rien abandonner de l'an- cienne culture , qui étoit en valeur au temps de la Déclaration pour le défrichement , doit-elle avoir lieu dans le pays où le terrein est de si mauvaise qua- lité , qu'on est obligé de le laisser reposer après la premiere ou seconde récolte ?

La loi ne faisant point de distinction , nous ne devons pas en faire : *Ubi lex non distinguit, nec nos distinguere debemus :* d'où il suit que , pour jouir de son privilege , il faut , sans aucune exception , que celui qui a fait le défrichement , continue d'en-

femencer la même contenue de terrein qu'il femoit
avant , afin que le Décimateur ne foit pas fruftré
de fon droit de dîme ; quoique cela produife peu ,
c'eft égal ; car on a dû prévoir la condition
qui étoit attachée à l'exemption qu'on fait valoir.

La peine d'échéance de l'exemption doit-elle
avoir un effet rétroactif au jour du défrichement,
ou feulement du jour de l'abandon du tout on de
partie de l'ancienne culture ? Je penfe que cela ne
doit avoir lieu que du jour de l'abandon de l'ancienne culture.

ARTICLE VI.

Ladite exemption des dîmes ne pourra
avoir lieu plus long-temps que celle de
la taille , vingtiemes & autres impofitions ; en forte qu'après l'expiration de
quinze années , ou après celle du terme ,
pendant lequel Nous aurions cru devoir
proroger lefdites exemptions , Nous voulons & entendons que les terres nouvelle-
ment défrichées foient affujetties au
paiement , tant defdites dîmes , que de
la taille & autres impofitions , fuivant le
taux & en la maniere qui fera par Nous
ordonnée.

Après les quinze années expirées , le terrein mis
en valeur , doit payer la dîme fur le pied que le
Décimateur auroit eû droit de la percevoir , fans
l'exemption ; c'eft-à-dire , que fi c'eft une no-
vale , & que l'ufage foit de le dîmer pendant quelque temps fur un pied différent des autres terres ; on doit après les quinze ans percevoir la

dîme fur le même pied qu'elle auroit été d'abord levée fans le privilege ; cela eft dit dans l'Arrêt d'enrégiftrement du Parlement de Paris , de lad. Déclaration de 1766.

Les fermiers des dîmes & novales ne peuvent-ils pas demander des dommages-intérêts au Décimateur , à raifon de la non-jouiffance de la dîme des nouveaux défrichemens , lorfqu'il y a une déclaration de faite ? Non , & cela a lieu , quand même le bail feroit antérieur à 1766 , parce que nul n'eft garant du fait du Prince. Si c'eft depuis 1766 que le bail a été fait , le preneur eft cenfé avoir connu la loi , ainfi quand on lui auroit affermé les novales , avec promeffe de l'en faire jouir , cela feroit égal ; les défriches qu'on feroit dans des terres incultes , & dont on auroit fait déclaration pour l'exemption de la dîme , feroient préfumées exceptées , à moins que cela n'eût été expreffément dit. Je l'ai ainfi vu juger en arbitrage.

ARTICLE VII.

Les propriétaires de ces terreins, de même que de ceux à deffécher, leurs ceffionnaires ou fermiers , ne feront tenus de payer aucuns droits d'infinuation , centiemes , ni demi-centiemes droits pour les beaux par eux faits, relativement à l'exploitation de ces terreins , quoiqu'ils foient pour un terme au deffus de neuf années , jufqu'à vingt-fept , & même vingt-neuf ans.

L'Arrêt du Confeil , du 2 octobre de la même année , porte encore l'exemption du droit de franc-fief, d'amortiffement, & réduit le contrôle de toutes efpeces de baux à dix fols par chaque acte. *Voyez les articles 3 & 4 dudit Arrêt.*

ARTICLE VIII.

N'entendons néanmoins rien innover aux difpofitions de l'Ordonnance du mois d'août 1669, ni déroger aux Arrêts & Réglemens précédemment rendus fur les défrichemens des montagnes, landes & bruyeres, places vaines & vagues aux rives des bois & forêts, lefquels continueront d'être exécutés fuivant leur forme & teneur.

L'article 13 du titre 23 de l'Ordonnance des Eaux & Forêts, défend aux propriétaires des bois fujets aux droits de gruerie, d'en défricher aucune portion fans le confentement du Roi, fous les peines portées par les Ordonnances, or ces Ordonnances font celles de janvier 1518 & avril 1588, lefquelles portent que ceux qui ont défriché des biens apparenants au Roi, ou dans lefquels Sa Majefté a intérêt, font privés de tous droits dans ce bois, & condamnés à une amende arbitraire, à tenir prifon, à rétablir à leurs frais les lieux dans leur premier état, à peine de tous dépens, dommages & intérêts.

Il eft défendu par l'art. 18 du tit. 3 de l'Ordonnance de 1669, aux grands Maîtres de permettre qu'il foit fait aucun défrichement dans les forêts du Roi, à peine d'amende arbitraire, & de tous dépens, dommages & intérêts.

N'y ayant pas dans cette Ordonnance des difpofitions formelles qui défendent aux Eccléfiaftiques

& aux particuliers de défricher leurs bois; il a été pourvu par différents Arrêts du Conseil, & notamment par ceux du 28 juin 1701, 9 novembre 1703, 7 novembre 1713, 16 mai 1724, & 22 juin 1719; ce dernier Arrêt a fait défenses aux Bénéficiers, aux Communautés, aux Économes, Recteurs, Administrateurs, & Principaux des colleges, hôpitaux & maladeries, aux Commandeurs & Procureurs de l'Ordre de Malthe, & à tous autres de défricher aucun bois, soit futaie ou taillis, sans une permission du Roi, à peine de 3000 liv. d'amende pour chaque arpent de taillis, & d'être obligés de rétablir les lieux à leurs frais.

Le Roi prévoyant le cas où l'on voudroit profiter de la Déclaration de 1766, fait défenses par l'article ci-dessus, de défricher les montagnes, landes, bruyeres, places vaines & vagues aux rives des bois & forêts, & qu'il n'entend point innover aux dispositions de l'Ordonnance de 1669.

L'instruction que les Etats de Languedoc ont donnée, porte à cet égard, « que les Réglements » auxquels le Roi n'a entendu innover ont rapport » à la conservation des bois, qui ne sauroit être » plus essentielle en Languedoc, & au défriche- » ment des montagnes dont on a cru qu'il pouvoit » en résulter plusieurs inconvénients dans diffé- » rentes parties de la Province, à cause des terres » & graviers que les pluies entrennent, lorsqu'el- » les ont été ruinées par les cultures; » que c'est ce qui a donné lieu à un Arrêt du Conseil, du 12 octobre 1756, rendu en conséquence d'une délibération des Etats du 2 mars de la même année, par lequel il est fait défenses à toutes personnes de défricher aucune terre plantée en bois sur les montagnes ou dans les plaines, sous peine de 50 livres d'amende, & d'être la terre défrichée, remise en bois aux dépens de ceux qui auroient fait le défri-

chement ; que ces défenses fubfiftent encore au
point qu'un particulier ne peut défricher & mettre
en culture des terres plantées en bois , fans une
permiffion expreffe du Roi.

Les permiffions qu'on pourroit obtenir par des
Arrêts particuliers , ne mettroient pas le conceffio-
naire dans le cas de profiter de la culture des terres
incultes depuis quarante ans , parce qu'on ne peut
mettre dans cette claffe , ni les bois , ni les terres
même qui bordent les bois & forêts quoiqu'incultes , puifqu'on en défend le défrichement.

Que devroit-on dire fi l'on avoit planté un terrein , ou en peupliers , ou en faules , ou autres
bois , & qu'il y eût plus de quarante ans , & qu'on
vînt à abattre tout le bois pour enfemencer le terrein , feroit-on dans le cas de l'exemption ?

Pour raifon de douter , l'on peut dire que des
arbres plantés ne font pas une récolte.

Mais pour raifon de décider , l'on peut répondre,
que toute efpece d'arbre eft propre pour donner de
récolte , d'abord il n'y a nul doute pour ceux qui
produifent du fruit. Il en eft de même de ceux qui ne
produifent que des branches , puifqu'on peut les
couper & les vendre , foit pour brûler , foit pour
des échalats ou autres chofes ; & un terrein qui
produit des arbres , de quelque nature qu'ils foient,
n'eft jamais regardé comme un terrein inculte , au
contraire c'eft un terrein qui eft en valeur ; ainfi il
ne peut être confidéré , ni comme négligé , ni comme abandonné par le propriétaire.

Il eft vrai que le Parlement de Touloufe jugea
la queftion pour l'affranchiffement de la dîme ,
pour défriches faites dans des bois , en faveur du
fieur Dufaut , contre l'Archiprêtre de Lavans , le
29 mars 1773 ; & le 13 juillet , même année , en
faveur du fieur Sabuel , fur le fondement de la Déclaration de 1766.

Par le premier de ces Arrêts, l'Archiprêtre de Lavans, en Gascogne, a été démis de son appel d'une sentence de la Sénéchauffée d'Auch, qui avoit prononcé l'exemption de la dîme qu'il demandoit fur un terrein ci-devant planté en bois taillis de belle venue, qui avoit été coupé, & le terrein mis en culture.

Par le fecond Arrêt, le fieur de Vaiffiere, de Cauffade, diocefe de Tarbe, a été auffi démis de fon appel d'une fentence rendue en faveur du fieur Sabuel, qui avoit défriché & mis en culture un terrein planté de bois d'aune, de même qu'un autre terrein planté de faules, peupliers & autres bois garnis, dont les coupes fervoient à faire des cercleaux pour les tonneaux & des échalats.

Mais par deux Arrêts du Confeil privé, du 24 avril 1775, ils ont été caffés, & les parties renvoyées au grand Confeil pour leur être fait droit, ainfi qu'il appartiendra. On ne peut donc regarder ces deux Arrêts, même dans le reffort du Parlement de Touloufe, comme des préjugés qu'on doive confidérer le terrein qui produit du bois, comme exempt de la dîme.

L'ufage de la Sénéchauffée de Nifme, eft de diftinguer entre le terrein qui produit des bois propres pour la charpente, d'avec celui où il n'y a que de la brouffaille, & d'accorder l'exemption au terrein qui ne produit que de la brouffaille, & d'affujettir l'autre à la dîme.

ARTICLE IX.

Les Etrangers actuellement occupés auxdits défrichements ou deffêchements, ou qui fe rendront en France pour fe livrer à ces travaux, foit qu'ils foient employés comme entrepreneurs, foit en qualité

qualité de fermiers ou de simples jour-
naliers , feront réputés regnicoles , &
comme tels jouiront de tous les avantages dont jouissent nos propres Sujets.
Voulons qu'ils puissent acquérir & dif-
poser de leurs biens , tant par donation
entre-vifs , que par testament , codicille
& tous autres actes de derniere volonté ,
en faveur de leurs enfants , parents &
autres domiciliés en France , même à
l'égard du mobilier , feulement en faveur de leurs enfants , parents & autres
domiciliés en pays étrangers , en fe con-
formant cependant aux loix & coutumes
des lieux de leur domicile , ou à celles
qui fe trouveront régir les lieux où les
biens immeubles feront fitués ; renon-
çant , tant pour Nous que pour nos Suc-
cesseurs à tous droits d'aubaine , deshé-
rence & à tous autres à Nous appartenants , fur la fuccession des Etrangers qui
décédent dans notre Royame.

A R T I C L E X.

Les Etrangers ne feront néanmoins
tenus pour Regnicoles , que lorfqu'ils
auront élu leur domicile ordinaire fur
les lieux où il fera fait des défrichements
ou des desséchements , & qu'ils auront
déclaré devant les Juges royaux du reffort , qu'ils entendent y fixer leurdit

b

domicile pour l'espace au moins de six années ; & lorsqu'ils auront justifié ledit temps auxdits Juges, par un certificat en bonne forme, qui sera déposé au greffe, signé du Curé & de deux Syndics ou Collecteurs, qu'ils y ont été employés sans discontinuation auxdits travaux, dont il leur sera donné acte par lesdits Juges sans frais, excepté ceux du Greffe que Nous avons fixé à 3 liv.

ARTICLE XI.

Si quelques - uns desdits Etrangers venoient à décéder dans le cours desdites six années, à compter du jour qu'ils auront fait leur déclaration devant lesdits Juges, les enfants, parents ou autres domiciliés en France, appellés à recueillir leur succession, & même à l'égard du mobilier seulement, ceux domiciliés en pays étranger en auront délivrance, en justifiant par un certificat, en la forme prescrite par l'article précédent, que lesdits Etrangers étoient employés auxdits défrichements ou desséchements. SI DONNONS EN MANDEMENT à nos amés & féaux Conseillers, les Gens tenant notre Cour des Aides, à Clermont-Ferrand, que ces Présentes ils aient à faire lire, publier & registrer, & le contenu en icelles, garder, observer & exécuter suivant leur forme & teneur, nonobstant tous Edits, Déclarations, Arrêts & Réglements, & autres choses à ce contraires, auxquels Nous avons dérogé & dérogeons par ces Présentes ; aux copies desquelles collationnées par l'un de nos amés & féaux Conseillers - Secrétaires, voulons que foi soit ajoutée comme à l'original : CAR tel est notre plaisir ; en témoin de quoi Nous avons fait mettre notre scel à cesdites Présentes. DONNÉ à Compiegne le treizieme jour du mois d'Août, l'an de grace mil sept cent soixante-six, & de notre Regne le cinquante-unieme. *Signé* LOUIS. *Et plus bas :* Par le Roi. *Signé* PHELYPEAUX. Vu au Conseil, DE L'AVERDY.

***

Arrét du Conseil, du 2 Octobre 1766, en interprétation de la Déclaration, du 13 Août précédent.

SUR ce qui a été représenté au Roi, étant en son Conseil, qu'entr'autres dispositions, la Déclaration du 13 Août 1766, porte que ceux qui défricheront des terres incultes , jouiront pour raison de ces terreins , pendant l'espace de quinze années , de l'exemption des dîmes , tailles & autres impositions généralement quelconques , même des vingtiemes tant qu'ils auront cours ; que les propriétaires des terreins incultes , leurs cessionnaires ou fermiers , ont été dispensés encore de payer les droits d'insinuation , centieme denier , pour les baux par eux faits , relativement à l'exploitation de ces terreins , quoiqu'ils soient pour un terme au dessus de neuf années jusqu'à vingt-sept & même vingt-neuf ans , mais que ces baux ne sont pas les seuls actes que les défrichements donneront lieu de passer. Qu'un particulier qui aura entrepris de mettre en valeur une certaine quantité de terres , ne pourra le plus souvent y parvenir, qu'en concédant une partie de ces terres à d'autres personnes , ou en les associant à son exploitation : que les traités qui seront faits en conséquence, les ventes , cessions & transports , subrogations & autres actes semblables , paroissent mériter autant de faveur que les baux de vingt-neuf années & au dessus ; qu'ainsi ces différents actes devroient jouir de la même exemption ; que cependant cette

exemption eft bornée aux baux uniquement, & qu'elle n'a même pour objet
que les droits de centieme & demi-centieme denier, en forte que ceux de
contrôle des baux & autres actes, continueront à être perçus fur le pied réglé
par le tarif du 20 feptembre 1772, fi
Sa Majefté ne fe portoit pas à les affranchir ; qu'indépendamment du contrôle
& du centieme denier, il fe préfentera
quelquefois des cas où les actes relatifs
aux défrichements, donneront ouverture aux droits de franc-fiefs & amortif-
fements ; ce qui pourroit (fi l'exemption
de ces droits n'étoit pas prononcée
également) arrêter les entrepreneurs
dans leurs opérations, & les rendre plus
difficiles : qu'enfin les colons & autres
particuliers employés aux défrichements, feront tenus de payer la capitation, parce que cette impofition eft
perfonnelle ; mais qu'il paroîtroit à propos de la fixer modérément, afin d'encourager de plus en plus les exploita-
tions. Sur quoi Sa Majefté voulant faire
connoître fes intentions, & donner des
nouvelles marques de fa protection à
ceux qui entreprendront le défrichement
des terres incultes ; vu la Déclaration
du 13 Août 1766 : Ouï le rapport du

fieur de l'Averdy , Confeiller ordinaire ,
& au Confeil royal , Contrôleur général
des finances : LE ROI ÉTANT EN SON
CONSEIL , a ordonné & ordonne ce
qui fuit :

ARTICLE PREMIER.

Les propriétaires des terres incultes ,
qui entreprendront de les mettre en
valeur , leurs ceffionnaires , fucceffeurs
ou ayant caufe , jouiront , pendant le
temps porté par la Déclaration du 13
Août 1766 , de tous les privileges &
exemptions qui leur ont été accordés ,
en rempliffant les formalités ordonnées
par les articles II & III de cette Déclaration.

ARTICLE II.

Jouiront auffi les Etrangers qui feront
employés aux défrichements , des privileges particuliers qui leur ont été pref-
crits par la même Déclaration.

ARTICLE III.

Les ceffionnaires ou ayant caufe des
entrepreneurs des défrichements , qui
ne feront pas nobles , jouiront en outre
pendant quatre années d'exemptions
des droits de franc-fiefs pour tous les
terreins défrichés ; & s'il eft établi dans
l'étendue defdits défrichements des Egli-
fes paroiffiales ou des Chapelles fuc-

curſales, il ne ſera payé aucun droit d'amortiſſement pour raiſon de ces établiſſements.

ARTICLE IV.

Tous les actes qui ſeront paſſés, pendant le même eſpace de quarante ans, par les propriétaires des terres incultes, leurs ſucceſſeurs, ceſſionnaires ou ayant cauſe, ſoit entr'eux ou avec d'autres particuliers, pour raiſon des défrichements, ſeront contrôlés, ſans qu'il puiſſe être exigé autres ni plus grands droits de contrôle, que dix ſols pour chacun acte, de quelque nature & eſpece qu'il ſoit.

ARTICLE V.

Et dans le cas où quelques-uns des actes mentionnés en l'article précédent, donneroient ouverture aux droits d'inſinuation, centieme & demi-centieme denier; ces droits ne ſeront payés que ſur le pied ſeulement d'un denier par arpent, ſans néanmoins qu'ils puiſſent être perçus pour les baux de vingt-neuf ans & au deſſous, conformément à l'article VII de la Déclaration du 13 Août 1766.

ARTICLE VI.

Les colons & autres perſonnes employées aux défrichements, ſeront taxés

à la capitation par les fieurs Intendants
& Commiffaires départis dans les Provinces & Généralités du Royaume, à
raifon de vingt fols feulement pour
chacun. Enjoint Sa Majefté auxdits
fieurs Intendants & Commiffaires départis, de tenir la main à l'exécution
du préfent Arrêt, qui fera imprimé,
publié & affiché par-tout où befoin
fera. Fait au Confeil d'Etat du Roi,
Sa Majefté y étant, tenu à Verfailles,
le dixieme jour d'Octobre mil fept cent
foixante-fix. *Signé* PHELYPEAUX.